Rockefeller

洛克菲勒
写给儿子的38封信

约翰·D.洛克菲勒◎著

刘川◎译

译者序

约翰·D.洛克菲勒（1839—1937），美国著名实业家、美国历史上第一家工业托拉斯企业的创建者。他虽然出身贫寒，但却始终充满着斗志，自儿时起，他就立志成为世界上最富有的男人，最终经过自己不懈的努力，建立起了庞大的商业帝国，成功地塑造了美国一个独特的时代，他甚至被誉为"窥见上帝秘密的男人"。

从幼年起，洛克菲勒就展现出了自己的经商天赋，在他19岁那年，他正式下海经商，经过了3年时间的原始积累，22岁的洛克菲勒进军石油行业，并且在1870年的时候，创建了在之后日子里让自己享有盛名的标准石油公司，在全盛期他垄断了全美90%的石油市场，成为美国第一位十亿富豪与全球首富。他也普遍被视为人类近代史上首富，财富总值折合今日3000亿美元以上。

洛克菲勒始终坚信，要从其他恶性竞争的商人身上赚取到更多的金钱，用这些金钱来发展有益于人类进步的事业。他用自己的方法成就了空前绝后的财富，可是他的一生勤俭自持，不抽烟、不喝酒、不赌博、不好女色，在他晚年的时候，他更是将自己大部分的财产捐出资助慈善事业和医疗事业，给后世的美国富豪树立了榜样。

相信大家都听过这样一句话，"富不过三代"。这在中国已经成为一个铁一样的魔咒。可是对于洛克菲勒家族来说，这个说法似乎并不存在。从发迹到现在，洛克菲勒家族已经经历了六代，直到今天，也丝毫没有颓败和即将没落的迹象。而做到这一点，正是因为他们的财富观念以及与家族从小对孩子所灌输的教育息息相关。他们的家族十分崇尚节俭，并且非常热衷于创造财富。

洛克菲勒家族的后代，之所以能够在之后的日子当中取得那样辉煌的成就，跟他们从小所受到的教育是息息相关的。为了这些孩子不被家族的光环所笼罩，不管是老约翰还是小约翰，都投入了非常多的精力在孩子的教育当中。

从这个家族的第一代到今天，已经经历了一个多世纪。可是这个家族非但没有颓败，反而仍在不断地续写着辉煌的历史。他们并没有因为自己现有的财富而选择保守，想着如何去守住这些财产，而是不断地积极投身到文化、卫生，以及慈善事业当中，将大量的资金投入到兴建大学、成立基金会、建立医院等事业当中，让整个社会都能够分享他们的财富。

时至今日，在美国这片土地上，想要不受到洛克菲勒家族的影响，显然是一件很难的事情。我们甚至可以这样说，在过去的 150年当中，洛克菲勒家族的发展，就是美国历史的一个缩影，洛克菲勒家族已经成为美国国家精神的一个最为杰出的代表。

目　录

第1封
起点不决定终点

　　决定我们命运的，不是我们的出身，而是我们的行动。

　　那些享受着特权却没有力量的人是废物，而那些受过良好教育却没有影响力的人是一堆垃圾。

亲爱的约翰：

　　我知道你希望能够和我一起出航，的确，这听起来很好。但是我并不能永远做你的船长，上帝之所以给我们创造了双脚，就是希望我们能够依靠自己的双脚走出一条路。

　　也许你还没有准备好独自前行，但是你要知道的是，我所处的这个商业世界，是充满着无处不在的挑战与神奇的世界，你将从这里出发，开始参加那些你还没有享用过却又关乎着你未来的人生盛宴。对于你将如何使用你手中的刀叉，以及怎样品尝命运献给你的每一道美味菜肴，是完全需要靠你自己的。

　　没错，我希望你能够很快取得属于自己的成功，并且能够超越我。我把你留在我的身边，也无非是想让你拥有一个相对较高的起点，让你不需要那么辛苦地攀爬就能够迅速获得成功的机会。

　　这并没有什么值得你骄傲和庆幸的，更不要去感激。美利坚合众国的建国信念就是人人平等，但是这种平等是法律意义上的平等，与文化优势甚至经济优势无关。你不妨想想看，我们生活的世界就像是一座高山，当你的父母生活在山顶的时候，也就意味着你从出生就会在山顶上。而如果你的父母生活在山脚，则注定你需要努力地攀爬才能够爬上山顶，很大意义上，父母的位置其实决定了孩子的人生起点。

　　但是你要知道，这并不意味着人生的起点不同，最终的结果也不同。你要知道，在这个世界当中，永远没有世袭穷、世袭富的说法，也永远没有世袭胜、世袭败的说法，所存在的只有我奋斗、我成功的真理。我坚定不移地深信着，我们的命运是由我们的行动决定的，而并不是我们的出身。

　　就像我曾经和你说过的那样，在我很小的时候，家境是十分贫寒的，记得我上中学的时候，就连所用的书本，都是好心的邻居送给我的。在我人生开始的时候，我只是一个周薪 5 美元的簿记员，但是经过不断地奋斗和进取，我最终建立了一个令所有人都羡慕的石油王国。这些在别人的眼里似乎是一个传奇，但是对于我来说，这只是命运对我持之以恒、积极奋斗的回报。

约翰，机会对于人们来说，永远都是不平等的，但是结果却可能是平等的。在历史中，不管是商界还是政界，白手起家的例子比比皆是，他们都曾经因为家境的贫穷而少有机会，最终却因为自己的奋斗获得成功。当然，历史当中也不缺乏富家子弟拥有很多的优势，最终却失败落魄的例子。麻州的一项统计说：在 17 个有钱的孩子当中，在离开人世时，没有一个人还是富翁。

有这样一个故事，讽刺富家子弟的无能，故事发生在很久之前的费城，一个酒吧的客人，谈及某个百万富翁的时候说道："他是白手起家的百万富翁。""是啊，"旁边一位比较精明的先生回答，"他继承了 2000 万，然后他把这笔钱变成了 100 万。"

这个故事很痛心也很现实，在我们如今的社会当中，富家子弟正处在一种不进则退的窘境之中，他们中的很多人注定要受人同情和怜悯，甚至要下地狱。

家族的历史与荣耀，并不能成为子孙后代依旧成功的证明。我们不能否认，在起跑线上他们占据了很大的优势，但是这并不能保证子孙后代的未来就会更美好。

我曾经不止一次地思考这个对于富人来说很悲哀的问题，我甚至觉得，正是因为在一开始就拥有了优势，所以富家子弟不愿意花时间去学习，甚至没有机会去学习和发展生存所需的技巧。而出身贫贱的人则因为迫切需要解救自身的贫穷，便会更加积极地发挥自己的能力和创意，并且珍惜每一个来之不易的机会。我还看到，很多富家子弟因为缺少穷人那种迫切需要拯救自己的野心，从而只能祈祷上帝来赐予他们成就。

所以，在你和你的姐姐们很小的时候，我就开始有意识地不让你们知道，你们的父亲是个富人，我向你们灌输最多的就是节俭、个人奋斗等价值观念，因为我知道给人带来伤害最快捷的途径就是给钱，钱能够让人迅速地腐化堕落、飞扬跋扈、不可一世，从而失去最美好的快乐。我不能让财富来蒙蔽我孩子的双眼，让你们成为那些不思进取而只知道依赖父母和祖辈庇护的无能者。

　　只有那些能够享受自己创造的人，才能成为快乐的人，而那些不思进取，只知道像海绵吸水一样的人，只会失去快乐。

　　我相信没有人不渴望过上快乐、高贵的生活，但是真正懂得高贵快乐生活的人却不多。我认为，那些高贵的人，并不是高贵在他们的血统上，也不是他们那些高贵的生活方式，而是来自高贵的品格——自立精神。看看那些赢得世人尊重、处处施展魅力的高贵的人，我们就知道自立的可贵。

　　约翰，我无时无刻不在挂念着你，但是与这种挂念相比，我对于你的未来充满着信心，我相信你有优异的品格，比世界上任何财富都更加具有价值的品格，这种品格会帮助你铺设出一条美好的道路，助你的人生成功而又充实。

　　但是你需要拥有这样的信念：起点可能会影响结果，但是并不会决定结果。能力、性格、态度、抱负、经验、手段和运气等因素，在你的人生当中，在未来的商业世界当中，会扮演极为重要的角色。你的人生才刚刚开始，你要经历一场场战役。我能深切地了解到你想成为这场战争当中最后的胜利者，但是你知道，每个人都有追求胜利的意志，而最后赢得胜利的人，都是那些决心做好准备的人。

　　约翰，我的儿子，那些享受着特权却没有力量的人是废物，而那些受过良好教育却没有影响力的人是一堆垃圾。要学会找到属于自己的道路，坚定地走下去，上帝一定会帮你的！

爱你的父亲

1897 年 7 月 20 日

（此时老约翰 59 岁，小约翰 24 岁）

第2封
运气靠策划

　　每个人都是自己命运的规划师。

　　我们不能依靠运气活着，但是可以依靠策划运气获得成功。

　　当运气来临的时候，要知道如何引导运气；设计运气，就是设计人生。

亲爱的约翰：

有些人注定不平凡，他们会成为王者或者伟人，他们拥有非凡的才能。譬如老麦考密克先生，他有着非凡的能力，他知道如何制造运气，知道怎么将收割机变成收割钞票的镰刀。

在我的眼中，老麦考密克其实是一位野心勃勃的实业巨子，他具有商业才能，他用收割机帮助美国的农民，同时也将自己变成了全美最富有的那批人。法国人好像更加喜欢他，并且称赞他为"对世界最有贡献的人"。也许，这是一个意外的收获。

这个原来只是做普通农具的商人、商界奇才，曾经说过一句非常有哲理的话："运气是设计的残余物质。"

这句话听起来似乎并不是那么容易明白，它的意思是运气是经过策划的结果，还是指运气是经过策划之后剩余的东西呢？我的经验告诉我，这两种意义都是存在的，换句话来说，我们创造属于自己的运气，我们的任何举动都不可能将运气完全消除，运气则是在策划过程当中难以摆脱的福音。

而老麦考密克正是因为洞悉运气的真谛，打开了运气的那扇大门，所以，我对在之后的日子里，麦考密克收割机能行销全球，成为"日不落"产品，丝毫不感到奇怪。

然而，在我们的世界当中，我们很难找到像老麦考密克先生那样善于策划运气的人，当然，也很难找到不相信运气的人和那些不误解运气的人。

在普通人眼中，运气这种东西是与生俱来的，只要他们发现又能升职了，或者在商界当中获得了成功，他们就会随意地，甚至是用轻蔑的口气说："这个人的运气真好，是运气帮了他！"我相信，这种人永远不能窥见一个让自己赖以成功的伟大真理：每个人都是自己命运的规划师。

我不得不承认，就像人们不能没有金钱一样，人也不能没有运气。但是，想要有所作为，就不能等着运气自己找上门来。我的人生信条是：我不依靠天赐的运气生活，但是依靠策划运气而成功。我相信好的计划能够左右运气，甚至在任何情况下，都能够成功地影响运气。我在石油界当中，所实施的竞争为合作的计划，正说明了这一点。

在那个计划开始之前，很多炼油商们各自为战，只看到了眼前的利益，最终引发了毁灭性的竞争。这种竞争对于消费者来说，当然是好事，但是油价的不断下跌，对于炼油商来说却是致命的打击。那时候绝大多数炼油商做的都是亏本生意，正一个一个地滑入破产的泥潭。

我很清楚，想要重新获取到利益并且永远地良性循环下去，就必须要驯服这个行业，让大家更加理性地行事。这需要一个计划——一个将所有炼油业务置于我麾下的计划。

约翰，我的儿子，想要在获取利益的猎场上成为好猎手，就需要你做事小心、勤于思考，你需要能够看到事物中一切可能存在的危险和机遇，同时还要像一个棋手那样，研究到那些所有可能危及你统治地位的战略。我全面地研究了当时的形势，并且评估了自己的力量。最后决定将我的大本营克利夫兰，作为我来发动统治石油工业战争的第一战场，在我成功地征服了当地二十余家竞争对手之后，再迅速地开辟出第二战场，直至将那些对手全部征服，建立石油业的新秩序。

就像指挥官在战场上那样，你要知道选择什么兵器攻击什么样的目标才能奏效，想要成功地将石油业统一到我的麾下，就需一个能够彻底解决问题的办法，那就是需要大量的钱，来买下那些制造商们生产过剩的炼油厂。但是我当时手上的资金并不足以支撑我的计划，所以我当时决定组建股份公司，将大批的业外投资者吸引进来。很快我们就以近百万的资产，在俄亥俄州成立了标准石油公司，到第二年的时候，我们的资本扩张了三倍半。但是什么时候动手仍然是个问题。

那些有远见的商人们，总是习惯从灾难当中寻找机会，同样，我就是这样做的。就在我们征服石油业之前，石油行业一片混乱，一天比一天没有希望，克利夫兰 90% 的炼油商们，已经被当时日益剧烈的竞争压垮了，如果他们不将手中的厂子卖掉，就只能眼睁睁地看着自己走向灭亡。而这，正是我们收购对手的最好时机。在这个时候进行收购，看起来似乎是件不道德的事情，但是这件事情其实和良知无关。商场就像战场，所谓战略目标的意义，就是要采取对自己最有利的方法。出于在战略上的考虑，我所选择的第一个征服目标是一家非常弱小的公司，而这个我最为强劲的对手，就是当时在克利夫兰很有名望，且野心勃勃，想要吃掉我的明星炼油厂的克拉克－佩恩公司。

但是就在他们犹豫不决的时候，我选择了下手，我主动约见了当时克拉克－佩恩公司最大的股东，我中学时代的老朋友，奥利弗·佩恩先生。我跟他说，如今石油业混乱、低迷的时代应该结束了，为了能够保护石油业当中无数家庭得以生存，我要建立一个庞大、高绩效的石油公司，并且欢迎他入伙。最终，我的计划打动了佩恩，他们同意用 40 万美元的价格出售克拉克－佩恩公司。

事实上，当时克拉克－佩恩公司根本不值这个价钱，但是我并没有拒绝他们，只要吃掉了克拉克－佩恩公司就意味着我已经巩固了自己世界最大炼油商的地位，然后我迅速地将克利夫兰的炼油商捏合在一起充当强力先锋。

这一招果然和我想象的一样成功，在随后不到两个月的时间当中，剩下的 22 家竞争对手依次归于标准石油公司的麾下，并最终让我成了那场收购战的大赢家。正是因为如此，更是给了我势不可当的动力，在随后的 3 年时间当中，我接连将费城、匹兹堡、巴尔的摩的炼油商征服，从而一跃成了全美炼油业的唯一主人。

在今天看来，这一切真是幸运，如果当时的我只是感叹自己的运气不好而放弃，或许早就被别人征服了吧。但正是因为我策划了自己的运气，从而取得了成功。

世界上什么事情都有可能发生，唯有不劳而获是不会发生的事情，那些墨守成规的人，那些随波逐流的人，他们的大脑被错误的思想所盘踞，因为自己能够全身而退而沾沾自喜。约翰，想要让自己获得好运气，必须要精心地去策划它，而想要策划运气，则需要你有一个好的计划，好的计划一定是好的设计，而好的设计最终一定会发挥作用。你需要知道的是，在构思好你的设计之前，你一定要首先考虑到两点，第一就是清楚地知道自己的目标，譬如你要做什么，甚至你要成为什么样的人；第二个条件是知道自己拥有什么资源，譬如地位、金钱、人际关系，乃至能力。

这两个条件的顺序是可以改变的，你可能首先有了一个目标、一个构想，然后才开始寻找适合这些目标的资源，随后将它们整合，形成其他的方法。例如，某种目标你需要某些资源，而需要完成这个目标，你则必须要选择性地去创造一些资源，也可能拥有一些资源和某个目标，你必须根据这些资源，提高或降低目标。

你根据现有的资源来调整自己的目标，或者根据自己的目标来调整资源之后，就有了一个基础，然后你可以根据基础来构思设计结构，随后的东西就是要用时间和自己的手段去填充它，让它变得丰满，随后等待运气来临。

你要知道，我的儿子，设计运气，就是设计自己的人生。所以在你等待运气的时候，你要知道如何引导运气。试试看吧！

爱你的父亲

1900 年 9 月 20 日

（此时老约翰 62 岁，小约翰 27 岁）

第3封
天堂与地狱比邻

对于我们辛苦的最高报酬，并不在于我们获得什么，而是我们因此成为什么。

如果你将工作当成乐趣，那么你的人生就是天堂。

如果你将工作当成负担，那么你的人生就是地狱。

亲爱的约翰：

我听过这样一个寓言故事，让我感触良多，那个寓言是这样说的。

在古老的欧洲，有一个人在等待他的死亡，然后他发现自己来到了一个美妙而又能够享受到所能想到的一切的地方，他刚刚踏上那片乐土，就有一个侍者样子的人走过来问他："先生，您有什么需要吗？在这里您可以拥有一切您想要的，所有的美味佳肴，所有您能想到的消遣方式，还有妙龄的美女，都能让您尽情享用。"

这个人听到侍者说的之后，觉得很惊奇，同时也很高兴，他暗想："这不正是我在人间时的梦想吗？"一整天的时间，他尝遍了所有的美味佳肴，同时尽享美色。然而不久之后，他就开始对这些觉得索然无味了，于是他对侍者说："我已经厌烦了这一切，我想要找些事情做，你能够给我一份工作吗？"

可是他获得的回答却是："对不起，先生，这是我们这里唯一不能为您做的。这里没有工作可以给您。"

这个人听到之后非常沮丧，愤怒地挥舞着双手大喊："这真是太糟了，还不如让我去地狱！"

"那么您以为，您在什么地方呢？"那位侍者温和地说。

约翰，这个有些幽默感的寓言，告诉我们的是：失去工作就等于失去了快乐。但是非常令人遗憾的是，很多人都是在失去之后才知道工作的重要性，这真是不幸的事情。

在这里，我能够非常自豪地说：我从来没有尝试过失业的滋味，这并不是我的运气好，而是我从来不把工作当成没有乐趣的事，相反，我能够从工作当中找到无限的快乐。

我认为，工作是一件非常有意义的事情，工作能够带来比所谓维持生活更多的事情，工作是所有生意的基础，所有繁荣的来源，同时也是那些天才们的塑造者。工作能够让年轻人更加发奋，比他们的父辈们做得更多，不管他们是多么的有钱。

工作能够用储蓄表示，同时能够奠定幸福的基础。工作是生命当中掌握味道的食盐，但是人们必须要先学会热爱工作，它才能给予人们最大的恩惠，收获最大的成果。

我刚刚进入商界的时候，常常听人说，一个人想要爬到高峰，需要做出很多的牺牲，然而经过时间的流逝，我开始知道，那些正在爬向高峰的人，并不是在"付出代价"。他们努力地进行工作是因为他们热爱自己的工作，任何在行业当中往上爬的人都是那些全部身心投入工作的人，只要衷心热爱自己的工作，一定会取得成功。

热爱工作是一种信念，只要我们怀着这个信念，就可以将绝望的大山凿成一块希望的磐石。有一个伟大的画家曾经说过，"痛苦终将过去，但是美丽永存"。

但是很显然，有些人不够聪明，他们拥有野心，却过分地挑剔工作，一直在致力于寻找那些"完美的"雇主或工作。而事实上，那些雇主所需要的，是那些准时工作、诚实而努力的雇员，他只将加薪与升迁机会留给那些格外努力、格外忠心、格外热心、花更多的时间做事的雇员，因为他在经营生意，而不是在做慈善事业，他需要的是那些更有价值的人。

不管一个人的野心有多大，首先他要学会起步，才能到达高峰。第一步是最难的，只要第一步迈出去，继续前进就不太困难了。工作越是困难或不愉快，就越要努力地去做好，如果等待的时间越久，就变得越困难、越可怕，这有点像打枪，你观望的时间越长，射击的机会就越渺茫。

我至今也忘不了自己的第一份工作，一份簿记员的经历，那时我虽然每天天刚亮就得去上班，而在办公室当中点着的鲸油灯非常昏暗，但是那份工作从来没有令我感到枯燥乏味，反而令我格外地着迷和喜悦，连办公室里的一切繁文缛节都不能让我对它失去热情。当然，最终的结果是雇主不断地为我加薪。

你要知道，收入只是你工作当中的副产品，做好你应该做的事情，只要能够完美地完成自己的工作，理想的薪水自然会随之而来。而更为重要的是，我们通过劳动所获得的报酬，并不是我们所获取的利益，而是我们最终因此成为什么样的人。那些头脑十分活跃的人拼命地工作，不仅仅是为了赚钱，能够让他们热情地工作下去的东西，是那些比敛财欲望更加高尚的理想，他们所从事的是一项迷人的事业。

平心而论，我是一个野心家，从很小的时候我就想成为一个富翁，对于我来说，我受雇的休伊特－塔特尔公司是一个锻炼我的能力、让我一试身手的好地方。它代理各种商品销售，在它的麾下有一座铁矿，还经营着两项让它赖以生存的技术，那就是给美国经济带来革命性变化的铁路与电报。

正是这份工作，将我带进了妙趣横生、广阔绚烂的商业世界，让我学会了尊重数字与事实，让我看到了运输业的威力，更加培养了我作为商人所应具备的素养与能力，所有这些技能都在日后我经商的日子当中发挥了极大的作用。可以说，如果没有在休伊特－塔特尔公司的历练，相信我在事业上会走很多弯路。直到今天我想起休伊特和塔特尔两位先生时，我的内心就不禁涌起感恩之情，那段工作生涯是我一生奋斗的开端，并且为我以后的崛起打下了奋起的基础，我永远对那三年半的经历感激不尽。

所以，我从来没有像那些人那样，去抱怨自己曾经的雇主，他们说："我们只不过是奴隶，我们被雇主压在尘埃当中，而他们却始终高高在上，在他们美丽的别墅里享乐；他们的保险柜里装满了黄金，而他们所拥有的每一块钱，都是通过压榨我们这些诚实的工人所得来的。"

我不知道这样抱怨的人有没有想过：到底是谁给了你就业的机会？又是谁帮你有了建设家庭的可能？是谁让你可以发展自己？如果你觉得别人是在压榨你，那么你为什么不结束这种压榨一走了之呢？

在我们日常的工作当中，态度决定了我们是否快乐，同样都是石匠，都在雕塑石像，如果这个时候你问他们："你在做什么？"可能有的人说："你没有看到吗？我正在凿石头，凿完这块我就可以休息了。"这种人是将工作当成累赘的人，从他嘴里最常说的话就是"累"。

而第二个人可能说："你不是看到了吗？我正在做雕像，这是一份非常辛苦的工作，但是薪酬很高，毕竟我有太太和四个孩子需要我去养活。"这种人永远将工作当作一种负担，而工作对于他来说，就是"养家糊口"的渠道。

第三个人可能会说："你看到了吗？我正在完成一件艺术品。"这种人是以工作为乐趣的，在他嘴里最常说的话就是："这个工作十分有意义。"

选择天堂还是地狱都是由自己决定的，如果你将工作赋予了意义，不管你做什么工作，你都会感到由衷的快乐。如果你不喜欢，甚至厌恶自己的工作，那么任何简单的事情都会变得困难、无趣。当你口口声声喊着工作很累的时候，即便你不卖力气，也会常常感到筋疲力尽，反之则大不相同，事情就是这样。

约翰，如果你视工作为一种乐趣，人生就是天堂；如果你视工作为一种负担，人生就是地狱。检视一下你的工作态度，那会让我们都感觉愉快。

爱你的父亲

1897 年 11 月 9 日

（此时老约翰 59 岁，小约翰 24 岁）

第 4 封
现在就去做

机会是靠争取得来的。

坏习惯能够左右我们的成败。它很容易养成，但是却很难伺候。

成功地将好想法付诸实践，比在家空想出一千个好主意要有价值得多。

亲爱的约翰：

聪明人说的话总是容易被我记牢，曾经有位聪明人说过："教育包含着方方面面，但是它本身却不需要教给你任何一面。"这个聪明人向我们展示了一条真理：如果你自己不采取行动的话，世界上任何可行的哲学也是没有用处的。

我一直都相信，机会是靠自己争取得来的。无论是再好的构想都存在缺陷，即便是非常普通的计划，但是如果能够得到很好的执行并且发展，都会远远比半途而废的计划要好得多。因为前者一直在贯彻始终，而后者却代表着一切前功尽弃。所以我说，想要获得成功并没有什么秘诀，要在你的人生当中取得正面的结果，有过人的智慧以及特殊的才艺当然最好，可是如果没有的话也没什么，只要你肯积极地行动，那么你就会离成功越来越近。

可是遗憾的是，很多人却并没有记住这个道理，结果最终自己沦为了平庸的人，看看那些整日碌碌无为的普通人们，你能够发现，他们的生活是被动的，他们说的往往比做的要多，甚至是只说不做，他们几乎个个都是找借口的行家，一遇到问题，他们就会用各种借口来拖延，直到最后他们证明这件事不应该，或者自己没有能力去做的时候已经来不及了。

与这类人比起来，我似乎显得聪明得多。盖茨先生曾经吹捧过我是个会主动做事、自动自发的行动者。我很高兴收到这样的评价，因为我并没有辜负这种评价，积极行动是我身上的一个标识，我从来不喜欢去纸上谈兵最终导致想法付诸空谈，因为我知道，没有行动的话就不会有结果。世界上所有的东西都是由一个想法慢慢付诸行动所得来的。人只要活着，就必须要行动。

很多人都承认，没有智慧基础的知识并没有什么作用，但是让人觉得更加沮丧的是，你拥有知识和智慧，却不去行动，最终一切都付诸空谈。行动和充分的准备可以看成一个物体的两面，任何一面都需要去进行，做太多的准备却迟迟不肯行动，到最后势必只会浪费时间。换句话说，准备一定要有节制，我们不能落入不断演练、计划的窠臼，而必须要勇敢地面对现实，事实上，不管我们计划得多么周密，最后的结果和解决方案仍然是我们不可预测的。

当然，这里我并不是否认计划的重要性，计划是获得成功的第一步，但是计划并不等于行动，也不能代替行动。这就像是打高尔夫球一样，如果没有打过第一洞，便无法到达第二洞。行动决定一切。如果没有行动的话，最后什么都不会发生。我们无论如何也买不到万无一失的保险，但我们可以做到的是下定决心去实行我们的计划。

缺乏行动的人通常都有这样一个坏习惯，喜欢维持现状，害怕事情发生改变，我认为这其实是一种自我欺骗和自我毁灭的坏习惯，因为一切事物都处在变化当中，就像是人会生会死一样，没有什么事情是不变的，但是如果你因为内心当中对未知事物的恐惧而抗拒去改变的话，那么相信不管现状多么令人不满，他都不敢踏出向前的一步，看看那些本应该事业有成，最后却一事无成的人吧，你就知道想要不去同情他们是件很难的事情。

是的，在每个人决定做一件大事的时候，在自己的心里都会或多或少地出现各种各样的情绪，担心、恐惧，都会面对到底要不要去做的困扰。但是乐于行动的人会燃起自己内心的火花，想出各种各样的办法来完成他们的心愿，更有勇气去克服种种困难。

很多缺乏行动的人大多太过于天真，喜欢等待事情自然地发生，他们天真地认为，别人会帮助他们、关心他们，可是事实上，除了他们自己，没有人对他们的事情感兴趣，人们只会对自己的事情感兴趣。就像是一桩生意那样，我们的获利比重比较大的时候，我们就更需要去采取主动行动，因为我们的成败和别人没有关系，他们是不会在乎的。所以在这个时候，我们最好推自己一把，如果我们总是懈怠、退缩，等待着别人主动来推动事情发展的话，那么结果一定是令人失望的。

一个人，只有依靠自己，才不会让自己失望，如果能增加自己控制命运的机会的话，那更是再好不过了，聪明的人会努力地促使事情向成功的一方面发展。

人生当中最令人感到挫折的，莫过于想做的事情太多，最后自己没有足够的时间去做，反而因为想到事情的难度，而被自己做不到的这种负面情绪所震慑，最后导致一事无成。我们必须要承认，时间是有限的，任何人都不可能做完所有的事情。聪明的人都知道，并不是有行动就能产生好的结果，只有积极的行动才能够带来有意义的结果，所以聪明的人只会做能够汲取到正能量的工作，做与之最大目标相关的工作，而且专心致志，所以聪明人总是能做出最有价值的贡献，并且捞到最多的好处。

想要吃掉一头大象需要一口一口地吃，做事情也是一样，想要完成所有的事情，反而会让机会溜掉，所以我的座右铭是：洛克菲勒对于紧急事件采取不公平的待遇。

很多人都是自己把自己变成被动者的，他们想等到所有的条件都十分完美的时候，才是最好的时机，这个时候他们才开始采取行动。其实，人生随时都是机会，但是每个机会都是不完美的，那些被动的人平庸了一辈子，就是因为他们想要等到每一件事情都百分之百有利的时候才行动，万无一失以后才去做。这是傻瓜的做法。我们必须向生命妥协，相信现在的机遇正是目前需要的机会，才会将自己挡在陷入行动前永远痴痴等待的泥沼之外。

我们都在追求完美，但是关于人类的事情没有任何一件是绝对完美的，只有接近完美。等到所有条件都完美了才去做，和永远等下去没有什么区别，并且最终还会把机会拱手让给别人。那些要等到所有事情都准备妥当才出发的人，将永远也不可能成功。如果想要变成那种"我现在就去做的人"，就要停止你现在一切的白日梦，从现在就开始做，例如"明天、后天、下礼拜、将来"这些话，跟"永远都做不到"是一个意思。

每个人都有失去自信、怀疑自己能力的时候，尤其是在逆境的时候，但是真正懂得行动的人，却能够用自己坚强的毅力去克服它，并且告诉自己，每个人都有成功失败，每个人都有失败得很惨的时候，要告诉自己，不管我们事前做了多少准备、思考了多久，在我们真正着手做的时候，都难以避免地会犯错误。而那些被动的人，并不会将失败看成学习和成长的机会，却一直在不停地告诫着自己，或者我真的不行了，从而使自己失去了积极参与未来的行动。

很多人都相信心想事成这句话，但是我却将它当成一个谎言，好主意一毛钱就能买到一堆，最初的想法只是后面一系列行动的起步，接下来还需要第二阶段的准备、计划以及第三阶段的行动。在我们这个世界当中，从来都不缺少有好想法的人，但是能成功地将想法付诸行动的人却很少。

人们用来评断你的能力的依据，并不是你脑袋里装了多少东西，而是你行动的能力。人们都相信脚踏实地的人，他们都会想：这个人敢说敢做，一定知道怎么做最好。我至今没有听到过有人因为没有采取行动，或者是要等别人下令才做事而受到人们赞扬的。那些在工商界、政府、军队中的领袖，都是那些踏实肯干的人，能够采取主动的人，而那些站在一旁袖手旁观的人，是永远也成不了领导的。

不管是行动者还是被动者，都是一些习惯使然，习惯对我们来说，就像是一条绳索，我们每天编织一根绳子，最后它会粗大得无法扯断。习惯的绳索不是将我们带到人生高峰就是带我们抵达深谷，这主要是看自己的习惯是好习惯还是坏习惯。坏习惯能够摆布我们，左右事情的成败，它很容易养成，但是却很难伺候。而好习惯很难养成，但是却很容易维持下去。

要养成现在就去做的习惯，最重要的是，要有积极主动的精神，戒除掉精神散漫的习惯，要勇于去做一个主动做事的人，要勇敢地去做事，不要等到万事准备妥当了再去行动，要记住，永远没有完美的事情。培养行动的习惯，不需要特殊的智慧或者什么专门的技巧，只需要你努力地去做，让好的习惯在生活当中开花结果。

儿子，人生就像是一场伟大的战争，想要获得胜利，你需要行动起来，只有这样，你的安全才能得到保障。

最后，祝你圣诞节快乐！我想，没有比在这个时候送给你这封信更好的圣诞礼物了。

爱你的父亲

1897 年 12 月 24 日

（此时老约翰 59 岁，小约翰 24 岁）

第5封
要有竞争的决心

我从来不迎接战争，我只会摧毁我的竞争者。

即便最后失败，我们也要光明磊落地失败。

拐杖不能代替一双有力的双脚，而我们要依靠自己的双脚站立。

亲爱的约翰：

有一个非常不好的消息我要告诉你，本森先生在昨天晚上去世了，我非常难过。本森先生是我昔日的一位劲敌，当然，也是我为数不多最为尊重的对手之一，他拥有卓尔不群的才干、顽强的意志，同时他优雅的风度也给我留下了深刻的印象。

直到今天我还记得我们结盟后他跟我开的那个玩笑，他说："洛克菲勒先生，您真是一位完美的同时毫不手软的掠夺者，如果输给那些坏蛋的话，我可能会感到非常难过，因为我觉得那更像是抢劫，然而与您这样循规蹈矩的人交手，不论最后是输是赢，都是让人感觉快乐的事情。"

当时我也分不清楚他是在恭维我还是诚心地赞美我，我跟他说："本森先生，如果您能把掠夺者这个词换成征服者，我想我会十分乐意接受的。"听后他笑了笑。

我非常敬佩那些在大敌当前依然敢于奋勇争斗的勇士，而本森先生就是这样的人，本森在成为我的对手之前，我刚刚打败了全美国最大的铁路公司——宾州铁路公司，并成功收购了全美第四家也是最后一家大型铁路公司——巴尔的摩·俄亥俄铁路公司。于是就这样，加上我忠实盟友的公司——伊利铁路公司和纽约中央铁路公司，整个美国四大铁路公司最后都成了我手中驯服的工具。

也就是在这个时候，标准石油公司的输油管道一点点地向油田蔓延，最终让我获得了连接油井与铁路干线的所有输油线路的掌控权。

坦白地说，那个时候，我的势力已经延伸到了石油行业的方方面面，如果说当时的我手中握着采油商、炼油商的生杀大权，绝对没有半点夸张，我能够让他们腰缠万贯，同时我也能够让他们瞬间破产，但是即便这样，依然有人无视我的权威。例如本森先生。

本森先生是一个很有雄心的商人，他想要铺设一条从布拉德福德油田到威廉斯波特的输油管道，以此去拯救那些唯恐被我击倒、并且急于脱离我掌控的石油生产商们，当然，想要从中大赚一笔的念头，更是支配着他开始闯入我的领地。

这条连接宾州东北部地区和西部地区的输油管线，从一开始就以惊人的速度不断地向前推进，这很难不引起我的注意。约翰，你要知道，在商界当中任何的竞争都不是轻松的游戏，而是活力十足，需要时刻关注，不断地去做出决定的游戏，不然一不留神你就会输掉。

本森先生不断地给我制造麻烦，而我必须要让他停手，最开始我用了一套看起来不那么高明的手段来和本森较量，我用极高的价钱买了一块沿宾州州界由北向南的狭长土地，企图以此来阻止本森前进的步伐，但是本森却轻易地采取绕行的办法化解了我的招数，让我成了无所作为的地主，最终只让那块土地的农民一夜暴富。之后我动用了自己盟友的力量，要求铁路公司不允许任何输油线路跨过铁路，本森依旧采取绕行的方法，再次成功地突围，最后我想要依靠政府的力量来狙击本森，但是最终并没有成功，只能眼睁睁地看着本森成为英雄。

这个时候我知道，我遇到了我从业以来的劲敌，但是这并不能动摇我与之竞争的决心，因为那条长达110英里的管道对于我来说是最大的威胁，如果任由原油在那里面流淌的话，流到纽约，那么本森或许将取代我，成为炼油业的新主人，同时，我也会失去对布拉德福德油田的控制，因此这件事是我决不允许发生的。

当然，我并不是想要赶尽杀绝，我真正的目的是希望不要花太高的代价就能获得我想要的东西，所以绝对不能让本森他们胡来，从而破坏我费尽心力才建立起来的市场秩序，毁掉我对石油行业的控制权，对于我来说，这像生命一样重要。所以，当那条巨蛇即将开始涌动的时候，我向本森提议买他们的股票。但是很不幸，他们选择了拒绝。

这个举动激怒了我们，主管公司管道运输业务的奥戴先生，甚至想用武力摧毁它，以此来惩戒这些不知好歹的家伙。我讨厌这种邪恶而下作的方法，只有无能的人才会用这样令人不齿的主意，我告诉奥戴，赶紧放下这个愚蠢的想法！我从来没有想过自己会输，但是即便最后输了，我也要用光明磊落的方法。

我知道，如果谁能在背后搞鬼而不被发现的话，显然他一定会占据一定的优势。但是，这种邪恶和不道德行为是非常危险的，它常常会搞得人尊严尽失，甚至会因此而坐牢。而任何欺骗和不道德的行为都是不能持久的，这些行为也不可能成为可靠的企业策略，而只会破坏大局，令未来变得更加的困难，甚至丧失掉所有的机会。所以，我们一定要讲究规矩，因为规矩是能够创造关系的，关系则会带来长久的业务，好的交易能够创造更多的交易，而反之的话，我们将提前结束我们的好运。

就我自己的个性来说，我不喜欢竞争，我只摧毁竞争的人，我不需要不光明的胜利，我需要赢得完美，赢得体面。就在本森洋洋得意地享受他成功的快感时，我向他发动了一系列的令他难以招架的攻势。我派人给储油罐生产商送去了大批量的订单，要求他们能够按时交货，而这，也导致了他们无暇顾及别的订单，包括本森。没有储油罐，采油商们只能将开采出来的原油倾倒在原野当中，那么本森先生最后收到的就不是待运的石油，而是产油商们的抱怨了。与此同时，我大幅度地降低管道运输的价格，以此将大批依靠本森运送原油的炼油商们吸引过来，变成了我的客户，同时我迅速收购了在纽约的几家炼油厂，以此来阻止他们和本森达成同盟。

一个优秀的指挥官，不会去攻打和他无关的堡垒，而是要全力去摧毁那个能够攻陷全城的堡垒。我们每一轮的打击都能够让本森先生没有原油可运。最后我成了胜利者，那个号称全程最长的输油管道还不到一年时间，本森先生就投降了，他主动提出了要与我讲和。我知道这并不是他的本意，但是他们很清楚，如果再这样和我抗争下去的话，等待他们的就只剩下失败。

约翰，每一场至关重要的战争都能够决定自己的命运，"后退就代表着投降，后退也就意味着成为奴隶"，战争既然不能避免，那我们就勇敢地去接受。在这个世界上，竞争一刻都不会停止，我们永远没有休息的时候。我们需要做的就是，带上自己钢铁般的决心，面对迎面而来的各种挑战和竞争，并且要情绪高昂地在其中享受，否则结果一定不尽如人意。

想要在竞争当中取得胜利，最为关键的一点就是你要时刻保持警惕，当你看到你的对手不断地想要削弱你的时候，那就是竞争的开始。这个时候，你要清楚地认识到自己拥有哪些资源，也需要知道所谓的友善和温情最后可能会害了你，而后就是巧妙地动用所有资源，去赢得整场胜利了。

当然，想要在竞争当中取得胜利，勇气是必不可少的，同样还要有实力。拐杖不能取代有力的双脚，而我们需要依靠自己的双脚站立，如果你的双脚不够强壮，不能支撑你，这时候你不应该放弃和认输，你应该努力地去磨炼、去强化、去锻炼自己的双脚，让它们发挥自己的力量。

我想本森先生在天堂上也会同意我的观点的。

爱你的父亲

1901 年 2 月 19 日

（此时老约翰 63 岁，小约翰 28 岁）

第 6 封

为前途抵押

借钱是为了以此创造好运。

不管是想要赢得财富，还是想要赢得人生。

优秀的人才在竞争当中不会去想我输了会怎样。

而是会想我胜利之后应该做些什么。

亲爱的约翰：

　　我能够理解，为什么你拿借我的钱闯荡股市总会让你觉得不安，因为你太想赢了，却又害怕在那个充满冒险的世界里会输，而输掉的又不是你自己的钱，而是向我借来的，同时还得支付利息。

　　这种输不起的感觉，其实我非常熟悉，在我创业的初期，甚至在我小有成就的时候，都一直在统治着我，以至于每次在借钱的时候，我都会在谨慎和冒险之间不停地徘徊，苦苦地挣扎，甚至夜不能眠，躺在床上的时候就开始不自主地计算如何偿还欠款。

　　人们常说，冒险的人经常失败，但是白痴不也是这样吗？所以每次我在恐惧失败之后，我总是能打起精神，决定再去借钱，事实上，为了能够前进我并没有退路，所以最终我不得不去银行贷款。

　　儿子，所有呈现在你面前的，经常是如何巧妙化解问题的大好机会。借钱并不是什么坏事，它并不会让你破产，只要你不将它看成自己的救生圈，只在危机的时候使用，而是将其当作一种工具，你就能够利用它来创造机会。不然，你就会掉入恐惧失败的泥潭当中，让这种恐惧束缚住你本应该大展宏图的双臂，最终导致一事无成。

　　我们认识的或者熟知的那些富翁之中，只依靠自己积累，最后挣钱发达的人可以说是少之又少，更多的人是依靠借钱而发财的，其中的道理其实很简单，一块钱的生意显然比不上一百块钱的生意赚得多。

　　不管是想要赢得财富，还是要赢得人生，优秀的人在竞技场首先想到的不是我输了会怎么样，而是我胜利之后想要做些什么。

　　借钱就是为了能够创造出好运，如果抵押一块土地就能够获得足够的资金，让我能够独占一块更大的地方，那么相信我会毫不迟疑地抓住这个机会。在克利夫兰的时候，我为扩张势力，夺得克利夫兰炼油界的头把交椅，我曾经很多次欠下巨额债务，甚至不惜将我的企业抵押给了银行，最后我成功了，我创造出让人震撼的成就。

儿子，人生就是一个不断抵押的过程，为了前途，我们抵押自己的青春，为了幸福，我们抵押上生命。因为如果你不敢逼近自己的底线，那么你终将会输掉，为了成功，我们抵押冒险，难道不值得吗？

谈到抵押，我想和你说的是，在我们从银行家手中拿过贷款的时候，我抵押出去的不仅仅是自己的企业，还有我的诚信，我将合同、契约视为十分神圣的东西，我严格地遵守着合同，从来不拖欠债务，我对投资商、银行家、客户，甚至是我的竞争对手，从来都是以诚相待的，在和他们讨论任何问题的时候，我都坚持着说真话，从来不去捏造那些含糊其词的谎言，因为我坚信，谎言在阳光下，终究会被揭穿。

付出诚实的回报显然是巨大的，在我还没有走出克利夫兰的时候，那些知道我品行的银行家们，曾经一次次地将我从自己难以摆脱的危机当中拯救出来。

我清楚地记得那一天，我的一个炼油厂突然起火了，损失非常严重，由于保险公司迟迟不能够赔付给我保险金，而当时我又急需一大笔钱来重建我的企业，我只能向银行追加贷款。现在想起来那天向银行贷款的情景还让我激动不已。本来在那些没有远见的银行家眼中，炼油业早就是一个高风险的行业，而向这个行业提供资金显然是在赌博，再加上我的炼油厂刚刚被一把火烧光，所以很多的银行董事对于我追加贷款的事情一直是犹豫不决的，不肯立即放贷。

就在这个时候，他们当中的斯蒂尔曼先生，让一个职员拿来了他的保险箱，对其他几位董事大手一挥，说："听我说，先生们，洛克菲勒先生以及他的合伙人都是非常优秀的，如果他们想要借更多钱的话，我希望诸位能够帮助他，如果你希望能够更加保险一些，我这里有，想拿多少就拿多少。"就这样，我用自己的诚实征服了银行家。

儿子，诚实是一种方法，更是一种策略，因为我支付了诚实，所以我赢得了银行家甚至是更多人的信任，也正是因为它，我渡过了一道道的难关，踏上了成长壮大的道路。

时至今日，我不再需要求助于任何一家银行，我自己就是我的银行，但是我永远都感激那些曾经鼎力帮助过我的银行家们。

你的未来可能是管理一家企业，那么你就要知道，经营企业的目的是赚钱，而扩大企业能够赚钱，同时把企业拿出去抵押，也是管理和运用金钱的重要手段。如果你只注重它其中一种功能，而忽视了它另外一种功能，那么最终你会失败。甚至更糟糕的，你可能会导致自己的财务崩溃，比较好的情况，也是会让你错失很多的机会。

管理和运用金钱与决心赚钱不同，这需要有不同的信念。要管理和运用金钱，你不需要亲自去管理那些数字，不能只是空谈管理和策略。上帝往往都出现在这些细节当中，如果你忽略了这些细节，或者超脱了这些细节，将这些所谓的"杂事"交给别人去做，就等于忽视了你事业经营当中很重要的一部分责任。细节永远不能妨碍你的热情，想要成功就一定要记住这两点：一个是要有战术，另一个是要有战略。

儿子，你正朝着赢得一场伟大人生位置的战争前进，这是你一直以来的目标，你需要勇敢，更加勇敢。

爱你的父亲

1899 年 4 月 18 日

（此时老约翰 61 岁，小约翰 26 岁）

第 7 封
最可怕的是精神破产

只要不把失败变成习惯，那么它未必不是一件好事。

机会是对等的，你保证了自己，就是剥夺了别人的机会。

一旦避免失败成了你的动机，那么你将走向失败。

亲爱的约翰：

听闻你近来情绪十分低落，这让我十分难过。相信我，我能够了解你对那笔令你损失 100 万的投资所感受到的耻辱和羞愧。这让你整日闷闷不乐、忧心忡忡。可是你大可不必这样，一次失败并不能证明什么，更不会令你贴上无能者的标签。

要快乐起来，我的儿子，你要知道的是，在这个世界当中，太多人的一生都不会一帆风顺，相反，失败才是永恒的主题，也许正是因为这个世界上充斥着太多的失败，追求卓越，追求成功才看起来那样的迷人，让人们前仆后继地去追逐，甚至不惜以生命作为代价，可即便是这样，失败依然常常陪伴在我们的左右。

我们的命运就是这样，只是与其他人不同的是，我将失败当成了烈酒，咽进去的是苦涩，可吐出来的却是精神。

在我刚刚跨入商界，祈求上帝保佑我新开的公司一切顺利的时候，一场灾难性的风暴便袭击了我们，当时我签订了一份合同，要收购一大批豆子，准备以此来大赚一笔，但是没有想到的是，一场突如其来的霜冻轻易地粉碎了我的美梦，到手的豆子毁了一大半，而有些不良的商家还在豆子里掺杂了沙土和细小的豆叶、豆秸。这注定是一笔要做砸了的生意，但是我知道的是，我不能沮丧，更不能因此沉浸在失败当中，不然我就会离我的目标、离我的梦想越来越远。

天下没有白吃的午餐，更不可能永远都维持着现状，如果你止步不前的话，那么你就是在倒退，但是想要前进的话，就一定要勇于冒险并做出决定。在那笔生意失败之后，我再次向我的父亲借钱，尽管我十分不乐意这样做，同时，为了在经营上能够胜人一筹，我和我的合伙人克拉克先生说，我们必须要宣传自己，通过报纸的广告让我们的潜在客户知道，我们能够提供大笔的预付款，并且能够提前供应大批量的农产品。

结果，勇敢和勤奋拯救了我们，就在那一年，我们非但没有因为豆子的事情受到影响，反而让我们赚到了一大笔可观的利润。

人人都讨厌失败，但是一旦失败成了你逃避做事的动机，那么你就会走上失败的道路，这是非常可怕的事情，甚至是一场灾难，因为这预示着你可能会丧失掉原本应该有的机会。

儿子，机会是非常稀少的，人们会因为机会发财、富有，你看看那些穷人（不存在歧视）你就会知道，他们并不愚蠢，他们也并不是不努力，他们只是缺少一个机会。你要知道的是，我们生活在一个弱肉强食的世界当中，在这里你不想被别人吃掉，就要选择耻辱，逃避风险就几乎等于破产，而你利用了机会，就是剥夺了别人的机会，保证了自己。

因为害怕失败而不敢冒险，就等于错失了摆在眼前的机会。所以我的儿子，为了避免失去机会，保住自己竞争者的资格，我们支付失败和挫折是值得的。

失败是为了走向更高的位置，我可以说，我之所以有今天的成就，就是因为我踩着失败的阶梯走上来的，是在失败当中崛起的。我是一个非常聪明的"失败者"，我知道如何向失败去学习，在失败的经验当中吸收成功的因子，以自己之前不曾想到的手段，去开创一番新的事业。所以我想说的是，只要不将失败变成习惯，那么失败反而是一件好事。

我的座右铭是：人始终都是要保持活力的，要永远坚强，不管是遇到了什么样的失败和挫折，这是我唯一能做到的事情。我们能够理解的是，我们干什么才能让自己感到快乐，什么东西值得你为之付出生命。最初的理想，就像是清洁工手中的扫帚那样，将扫尽你成功道路上所有的阻碍。儿子，你要知道你自己的期望在哪里，只要你不丢掉它，成功一定会到来。

乐观的人在苦难当中能够看到机会，而悲观的人只会在机会当中看到苦难。儿子，请记住我一直深信不疑的成功公式：

梦想 + 失败 + 挑战 = 成功之道。

当然，失败具有它的杀伤力，它能够让人萎靡不振，丧失掉斗志和意志力。而重要的是，你将失败看成什么。天才发明家爱迪生先生，在用电灯照亮摩根先生的办公室之前，一共经历了一万多次实验，在他那里，失败就是成功的试验田。

就在 10 年前，《纽约太阳报》的一位年轻记者曾经采访过他，那位年轻人问道："爱迪生先生，您的发明曾经失败过一万多次，对此您有什么看法呢？"爱迪生对于失败这个词非常不舒服，他用长者的口吻对记者说："年轻人，你人生的旅程才刚刚开始，所以我要跟你说一个可能对你未来很有帮助的启示，我没有失败一万次，我只是发现了一万种行不通的方法。"精神的力量就是如此强大。

儿子，你如果宣布精神破产的话，那么最终你就会输掉一切，你需要知道的是，人的事业就像是浪潮一样，如果你踩在浪头之上，功名利禄就随之而来，而一旦你错失掉机会，那么你的一生都会被困在浅滩当中挣扎。失败是一种学习的经历，你可以把它当成自己的墓碑，同样也可以将它当成成功的绊脚石。

没有挑战就没有成功，不要因为一次失败就停下自己的脚步，要勇于战胜自己，你才能成为最大的胜者，而我，对你十分有信心。

爱你的父亲

1899 年 11 月 19 日

（此时老约翰 61 岁，小约翰 26 岁）

第 8 封
只有放弃才会失败

这个世界上没有什么东西是能够取代毅力的。

除非你自己放弃，不然没有什么能将你打垮。

有太多的人高估了他们所欠缺的，却又低估了他们
所拥有的。

亲爱的约翰：

今天是个伟大的日子。今天，合众国上下所有人都怀着一种感念的心情来纪念那个伟大的灵魂——无愧于上帝与人类的前总统，亚伯拉罕·林肯先生。我相信林肯先生受之无愧。

在我的记忆当中，没有什么人比林肯先生更加伟大。他铸就了合众国的成功，以及一段令人动容的历史，他用宽厚的仁爱之心以及不屈不挠的精神和勇气，令400余万底层的黑奴获得了解放，同时击碎了2700百万另一肤色合众国公民灵魂上的枷锁，结束了因为种族仇恨而使灵魂扭曲的那段狭隘的罪恶史。他避免了国家即将被毁灭的灾难，将不同的宗教、不同的语言、不同的种族和肤色的人组成了一个崭新的国家。合众国因此而获得了自由，因为他而踏上了正直公平的康庄大道。

林肯可以说是19世纪最伟大的英雄，直到今天，在这个百年诞辰的时候，举国上下追思他为合众国所做的一切贡献，显然就是最好的一个证明。

然而，我们感激他所做一切的时候，我们更应该汲取并且发扬他所具备的特殊的教义——那些执着的勇气和不屈的决心。我想我们能够纪念他最好的方式，就是去效仿他，让他那种不放弃的精神照耀整个美国。

在我的心目当中，林肯是不会被困难击倒、不屈不挠的代名词。他幼年什么都没有，甚至曾经被赶出家园。他第一次经商就以失败告终，第二次经商的经历则更加的悲惨，以致在随后的十几年时间里他一直在偿还着自己的债务。同样，他的从政之路一样坎坷，第一次竞选议员他就失败了，并且因此丢掉了工作。可是幸运的是，第二次竞选他成功了，但是随后丧失亲人的痛苦以及竞选州议员发言人的失败却给了他极大的打击，但是他并没有灰心，随后的竞选当中，经历了六次失败，但是每次失败之后仍然没有放弃，这种经历直到他当选美国总统为止。

每个人都有悲惨的经历，每个人都有饱受打击的时候，但是很少有人能够做到像林肯那样百折不挠，每次在竞选失败之后，林肯都会不停地激励自己："这只不过是摔了一跤而已，并不是死了，只要爬起来就行了。"这些词汇就是林肯克服困难的力量源泉，同时也是林肯能够享誉盛名的利器。

林肯的一生当中，书写出了一个伟大的真理：除非你自己放弃，不然没有人能够打垮你。

所谓的功成名就都是经过一连串的奋斗而来，那些伟大的人物们，几乎都经受过一次次无情的打击，每个人曾经都险些宣布投降，但正是因为他们选择了坚持到底，最后才取得了那些辉煌的成就。例如，希腊伟大的演说家德莫森，他曾经因为口吃而害臊羞怯。在他父亲死前，给他留下了一块土地，希望他能以此过上相对富足的生活。但是当时希腊的法律规定，他必须在声明自己拥有土地之前，先在公开辩论当中赢得这块土地的所有权。可是最后因为他的口吃和羞怯，令他失去了这块土地。但是他并没有被这件事情击倒，而是更加发奋努力地去战胜自己，最终他创造了人类史上前所未有的演讲高潮。历史终究忘了那位获得了他财产的人的名字，但是几个世纪之后，整个欧洲依然还记得这个伟大的名字——德莫森。

有太多的人高估了自己所欠缺的东西，却又低估了自己所拥有的，以至于最后丧失了成为胜利者的机会，这显然是个悲剧。

林肯的一生，就是将挫折转化为胜利最伟大的见证。没有不经历失败的幸运者，最重要的是，不要因为失败而使自己成为懦夫。如果我们尽了自己最大的努力仍然失败了，我们所应该做的就是要吸取教训，让自己在接下来的日子里努力变得更好。

坦率地说，我并没有和林肯总统比较的资格，但是我继承了他的一些精神，我痛恨生意失败、失去金钱，但是真正让我关心的是，我害怕在我以后的生意当中，因为太过于谨慎而变成一个懦夫，如果真的是这样的话，那我的损失就更大了。

对于一般的人而言，失败让他们选择了放弃，而成功则是他们坚持的动力，但是对于林肯来说，这显然是不成立的，他会利用这种种的挫败来驱使自己成为更好的人。这是因为，他是一个拥有钢铁般毅力的人，他有句话说得很好："你没有办法在天鹅绒上磨利剃刀。"

世界上没有任何一样东西能够取代毅力，就连才干都不可以。怀才不遇的人比比皆是，最终一事无成的天才也非常普遍。教育也不行，这个世界上充斥了太多学而无用的人，只有毅力和决心才能让人不断向前。

当我们向高峰不断迈进的时候，我们必须要牢记：每一级阶梯都能让我们踩足够的时间，然后再去踏上更高的一级，它并不是给我们用来休息的。我们在征途当中，难免会感到疲倦和灰心，但是就像是一个拳击手，你要再战一个回合才能取得胜利。遇到困难的时候，我们就要勇敢地再战。每个人都有无限的可能，除非我们能够找出这种可能在哪里，并且坚持去用它，否则这种可能毫无意义。

伟大的机会不假外求，这需要我们通过努力工作来掌握它，俗话说得好："打铁要趁热。"毅力和努力同样的重要，每一个"不"的回答都会让我们更加接近成功。黎明之前是最黑暗的，这句话并不简单的是一句口头禅，我们努力工作发挥我们的才能时，成功的一天才会到来。

今天，我们在感激、赞美林肯总统的时候，我们不要忘记，要用他一生的事迹来激励我们自己。即便我们做了，最终没有获得成功，对我们自己来说，我们仍然是个赢家，因为在这个过程当中，我们已经拥有了知识，同时也学会了如何去面对人生，这本身就是最大的成功。

爱你的父亲

1909 年 2 月 12 日

（此时老约翰 71 岁，小约翰 36 岁）

第 9 封
信念是金

有多大的信心决定有多大的成就。

只要我们坚信自己能够成功，最终就一定能够成功。

不相信失败是成功之母，我相信信心是成功之父。

亲爱的约翰：

　　我觉得你说得很对，雄才大略的智慧能够创造出奇迹。可是，现实却是能够创造奇迹的人太少了，更多的人则是泛泛之辈。令人值得寻味的是，人人都想要有大作为，每个人都想要获取到很好的收获，每个人都不喜欢依靠巴结别人过着平庸的生活，也从来没有人喜欢觉得自己是个不入流的人物，或者觉得自己是被迫进入到这种状况的。

　　难道我们真的是因为没有雄才大略吗？不是，最为实用的成功智慧早就写在了《圣经》当中，那就是"坚定不移的信念能够移山"。可是就算是知道，为什么还是有那么多的失败者呢？我想，那是因为能够坚信自己能够移山的人并不是那么多，结果最终能够做到的人也不多。

　　绝大多数人都将那句圣言当成一个笑话，认为那是根本不可能实现的。我觉得这些执迷不悟的人犯了一个常识性的错误，他们错误地将信心当成了"希望"。没错，我们不能用希望去移走一座高山，不能依靠希望获取到成功，也不能依靠希望取得财富甚至地位。

　　但是，信心的力量却能够帮助我们成功地移走一座高山，换句话说，只要我们坚信自己能够成功。你也许会觉得我将信心的力量神秘化了，并不是这样，信心所产生的是一种我坚信自己能够做到的态度，相信我能够做到的态度则能产生出必备的能力、精力以及技巧。每当你坚信自己能够做到的时候，自然就会想出相应的解决方法，成功就诞生在成功解决问题之中，这就是信心发挥力量的时候。

　　每个人都希望有朝一日自己能够取得成功，享受随之而来的胜利果实，可是他们当中的大多数人并不具备必胜的信心乃至于决心，因此他们也无法依靠坚定的信心而达成目标。我不认为我是他们当中的一员。当我还是一个穷小子的时候，我就相信自己有朝一日一定能够成为世界上最富有的人，强烈的自信心推动着我想出各种各样可行的计划、方法、手段和技巧，来推动着我一步步前行，直至我踏上石油王国的巅峰。

　　我从来不相信失败是成功之母，我只坚信信心是成功之父，胜利其实是一种习惯，而失败其实也是一种习惯。如果想要获得成功的话，就一定要取得持续性的胜利，我并不喜欢取得单独的胜利，我要的是持续性的胜利，只有这样才能成为真正的强者，是信心激发了我成功的动力。

相信会获得伟大的成果，是所有伟大事业、书籍、剧本，乃至于科学发展背后的动力，相信就会成功，已经成为成功人士所拥有的一项基本而又必备的要素，但是很遗憾的是，失败者却慷慨地丢掉了这些。

我曾经和许多在生意当中失败的人谈话，听过无数失败的理由和借口。这些失败者在同我交谈的时候，经常无意中提到的几句话是："老实说，我并不认为这个主意行得通。""我在事情还没有开始之前就已经感到不安了。""我并没有对事情的失败感到惊讶。"

如果你是抱着暂且试试看，不知道结果到底是好是坏的态度，最后的结果一定会是失败。不自信，是一种十分消极的态度，当你对你正在做的事情抱着一种不以为然的态度，甚至对你所做的事情产生怀疑的时候，你就会找到各种理由来支撑你的不自信，怀疑、不自信。这种种心理，就会让你向失败的方向倾斜，以及不是很想成功的心态，都是失败的主因。心中存疑，就会失败；相信自己会胜利，就一定会成功。

信心的大小往往决定了成就的大小，庸庸碌碌的人们，自认为自己做不了什么事情，所以他们仅仅能获得很少的报酬，他们不相信自己能够做出了不起的事情，那么抱着这种心态，他们可能就真的不行了。他们通常认为自己并不是那么重要，自己所做的每一件事情也是无足轻重的，时间长了之后，连他们的举止也会变得越来越不自信。如果他们不能正确地将自己的自信抬高，他们就会在自我认知的时候变得越发畏缩，越来越渺小。而他们看待自己的态度，也会影响别人看他们的态度，于是这些人在别人的目光中就会变得更加渺小。

那些不断积极向前的人，是肯定自己有很大价值的人，这些人通常能够获得很高的报酬，他们相信自己能够处理艰巨的事情，而最后的结果往往证明了他们真的能够做到。他所做的每一件事情，他待人接物的方式，他的个性，他的想法以及见解，都显示出他是自己领域的专家，他是一个不能缺少的重要人物。

照亮我的道路，不断地给我勇气，让我能够正视生活理想的，就是自己的信心。在任何时候，我都记得要增强自己的信心。我用成功的信念来取代失败的念头，当我自己面临困境的时候，我想到的是，我一定会赢，而不是我会输掉吧。当我和别人竞争的时候，我想到的是我跟他们是一样成功的，而不是我根本无法和他们相提并论。当机会出现的时候，我想到的是我一定能做到，而不是我做不到。

每个人通往成功道路的第一步，也是最为重要的一步，就是要相信自己，要相信自己一定能够成功。要让这种想法在我们行动当中，始终支配我们的各种思考过程。成功的信念能够激发出我们的智慧，创造出获得成功的方法，而失败的意念则相反，它能够让我们胡思乱想从而导致失败。

我时常提醒自己：你比你自己想象的要好得多。成功的人并不是什么超人，成功也不需要超人智慧，不是依靠运气，也并没有什么神秘的地方。成功的人只是相信自己，肯定自己所作所为的凡人而已。所以永远都不要廉价地去出售自己。

每个人都是自己思想的产物，想的是一个很小的目标，那么能够预见到成果也是微小的。而想到的是巨大目标的时候，最终就会取得重大的成功。而伟大的创意计划往往比那些微小的计划更加容易想到，至少不会更困难。

那些能够在自己领域获得成就的人，都是因为能够脚踏实地奉行自我发展和成长计划的人，这项计划训练能够给他们带来一系列的报酬，能够获得家人尊重的报酬，获得同事与朋友赞美的报酬，实现自我价值的报酬，成为重要人物的报酬，收入增加、生活水准提高的报酬。成功到成就，就是人们生命当中的最终目标，它需要我们用积极的思考去实现，当然，在任何时候，我都要保证自己的信念不出任何问题。

爱你的父亲

1903 年 6 月 7 日

（此时老约翰 65 岁，小约翰 30 岁）

第 10 封
忠诚于自己

我们能够欺骗自己的敌人，但是绝对不能欺骗自己。

想要我们以诚待人的人，是想从我们这里捞到好处。

命运能够带给我们的不是失望之酒，而是希望之杯。

亲爱的约翰：

你的心情好一些了吗，如果还没有的话，我想我要对你说些什么了。你要知道的是，在这个世界当中，有太多的人都难免会受到一种神秘力量的驱使，这种神秘的力量能够轻而易举地剥落我们人性的外衣，将我们的内心完全暴露在阳光之下，并公正地把我们钉在纯洁和肮脏的图版上，以至于让我们所有的自我辩护都变得那样的苍白无力，不管我们多么伶牙俐齿，那就是检验我们人性的试金石——利益。

换个方式来说，利益就是一束光，能够照耀人性的影子，在我们面前，一切与道德有关的本质都将无所遁形。也许你认为我说的话有些绝对，但是我的经历就是这样告诉我的。

我并不是什么人类的史学家，我不知道他们会对人的高尚或者是丑恶做出什么样的解释，但是我的人生历程让我坚信：利益似乎是无坚不摧的，它能够把本来能平静度日的人、种族，乃至于国家拉到一起，随后尔虞我诈、刺刀见红。在那些布满了陷阱、骗局甚至是诽谤污蔑以及诋毁的血腥争斗中，你都能够发现追逐利益的影子。从这个意义上来说，与其说我们是自己内心的主人，还不如说我们是被利益所驱使的奴隶。

我能够断言，在这个世界当中，除了神以外，没有不追逐利益的人。从你走进和人交往的那一刻起，一场旷日持久的生存游戏就开始了。在这场游戏当中，每个人都是你的敌人，包括你自己，你需要和自己的弱点相对抗，并且与所有将快乐建筑在你痛苦之上的行为进行战斗，所以当我看破这一切的时候，我一直都在坚守着一个原则：我能够欺骗敌人，但是绝对不能欺骗自己。回击那些正在射杀我的敌人们，永远不会让我的良心感到不安。

儿子，请千万不要误会我，我并不是要把这个世界涂抹上一层让人感到压抑、窒息的灰色。事实上，我渴望能够收获友谊、真诚、善良以及一切能够滋养我内心的美好情感，我也相信这些情感是一定存在的，然而非常遗憾的是，在追逐名利的商场当中，我很难得到这样的满足，却常常遭受到出卖甚至欺骗的打击。直到今天，我还能清楚地记得那些被骗的经历，是那样的刻骨铭心。

最令我痛心的那一次被骗，发生在克利夫兰。当时的炼油业因为生产过剩，几乎没有利益可图。很多炼油商已经跌落到了濒临破产的边缘。还有，因为克利夫兰远离油田，这也就意味着同那些本身就在油田的炼油厂相比，我们要付出更加高昂的运输费用，令自己处在一个不平等的地位上。我决心要改变它，于是我大规模地收购那些在死亡线上挣扎的炼油厂，形成一股合力，让每个人的钱包都鼓了起来。

我告诉那些濒临破产的炼油厂主们："我们在克利夫兰正处在一种非常不利的地位，为了能保护我们共同的利益，我们必须要做些什么。我认为我的计划很好，请认真想一想。如果你们同样感兴趣的话，我们会很高兴与你们一起想办法。"也正是因为善良的想法和战略上考虑，我同时买下了很多并没有什么价值的工厂，它们就像是陈旧的垃圾一样，只配扔到废铁堆里。

有些人就是如此，他们邪恶、自私自利甚至忘恩负义，他们拿到了钱之后就开始与我为敌，完全不在意与我达成的协议，用出售废铁的钱来重新购置设备，重操旧业，并且公然地敲诈我，让我买下他们的工厂。这些人都曾经求助于我的诚实，让我出好价钱买下了他们已经瘫痪的工厂，我如实地做了，可是最后的结果却十分让人痛心。在那一刻我的心情简直是糟透了，我甚至自责自己不应该这么诚实，不应该这么善良，否则我最后也不会落到这样一个四面楚歌的境地。

最最让我不能接受的是，在这场谋求利益的游戏当中，今天的朋友很有可能到了明天就变成了敌人，这种情形时常会发生，我的教友就曾经毫无节制地多次蒙骗于我。看在上帝的分上，我不想再历数他们的罪恶。但是我可以告诉你，当我知道我一直被他们蒙在鼓里的时候，我震惊了，我不明白那些和我一起祷告、虔诚地发誓要摒弃骄傲和贪婪之心的人，为什么一转身就变得这样的卑鄙。

经历了这种种的欺骗和谎言，我最终只能无奈地告诉自己：你只能相信自己，只有这样你才不会被人所欺骗。我知道这种带有敌意的心态不太好。但是这个世界当中有太多太多的欺骗，学会提防，是我们不能缺少的生存技能。

跟混蛋打交道，能够让你变得更加聪明。那些邪恶的"老师们"教给了我很多东西，如果现在谁要是想要欺骗我的话，我相信会比翻越科罗拉多大峡谷还要困难，因为那些魔鬼们帮我建立起了一套和人打交道的法则，我想这套法则对你会有所帮助的。

我只有在能确定对自己有利无害的情况之下，才会表现出自己的感情；我能够让对手教导我，但是我永远都不教导对手，不管我对那件事有多么了解。做事情不要理会别人的催促，要学会三思而后行，不考虑周全的话绝对不要行动；我有自己的真理，只对自己负责；要小心应对那些要求我们以诚相待的人，他们是想在我这里捞取到好处。

我知道，欺骗，只是这场谋求利益的游戏当中的策略，并不能解决任何问题。同时我更加知道，谋利游戏依然不停地进行着，所以，我必须要从早到晚保持着警惕并且明白，在这场游戏当中，人人都是自己的敌人，因为每个人首先都会顾及自己的利益，不管是不是对别人有利。更为重要的是，要学会保护自己，并且随时随地都处于备战状态。

儿子，命运带给我们的，并不是失望之酒，而是希望之杯，所以振作起来吧，发生在华尔街的那件事情，并没有什么大不了的，那只是因为你太相信别人而已，不过你要记住的是，以后一定不要在同一个地方跌倒两次。

爱你的父亲

1899 年 11 月 29 日

（此时老约翰 61 岁，小约翰 26 岁）

第 11 封

贪心大有必要

让自己的每个念头都以利益为动机。

我自己就是我生命的重心，我来决定什么是适合我的。

命运要由自己去开创，真心想要的东西一定要想方设法地得到。

亲爱的约翰：

　　不要去理会那些口口声声说我贪心的人。

　　这么多年以来，我一直都在享受着这个在别人看来似乎并不是那么美好的赞颂——贪心。这个对于我来说特别的赞颂，最早出现的时候，在我的事业如日中天之时，那个时候洛克菲勒的名字已经不仅仅是一个人的代表，而是象征着财富，象征着庞大的商业帝国。

　　我记得当时有很多的人，甚至是报纸都陆续地加入到了这场"赞颂"我的行列当中，但是这样的"赞颂"并没有让我觉得不舒服，我知道这样的口吻无非是想要诋毁我，无非就是要给我创造的商业帝国蒙上一层令人厌恶的铜臭。

　　但是我很清楚，在人的本性当中存在着这样一种力量，一种因缺少意志力和缺少能力而生的力量，这种力量的名字叫作嫉妒。当你有一天超越他们的时候，他们就会嫉妒你，甚至采用一些具有贬义的字眼去指责你，甚至依靠编造一些谎言的方式去诋毁你。同时他们在你的面前还会表现得不可一世的骄傲。在我看来，那并不是什么骄傲，它恰恰代表着内心的虚弱。很有意思的是，当你远远不如他们的时候，生活潦倒不堪的时候，他们又会嘲讽你，讥笑你的无能，甚至会将你贬低得失去做人的尊严，我的儿子，这就是丑陋的人性。

　　上帝并没有赋予人们改变本性的能力，当然我同样没有闲心去阻止人们去"恭维"我的贪心。我所能做到的，就是让那些嫉妒我的人继续去嫉妒，尽管我知道我所创造的财富让那群这样恭维我的人带走的话，他们同时也会将那些恭维带走，但是我不能这么做。相信我，除非我中了什么诅咒，否则任何人都不能让我这么做！

　　绅士是永远都不会和无知的人争辩的，我同样不会和那些恭维我贪心的人论战，但是我内心当中控制不住蔑视他们的情绪。我们冷静地回溯历史，检视人类前进的步伐，我们不难得出这样的结论：没有任何一个社会不是建立在贪心之上的，那些一直在诋毁着我的人，看着像是道德的守护者，但是其实他们内心当中哪个人不希望独占一些东西？又有谁不想控制每个人都需要的一切，虚伪的人总是那么多。

没有不贪心的人，如果你拥有一粒橄榄的话，你就会想要拥有一整棵的橄榄树。我在人世间行走已经八十年，我见过不会吃牛排的人，却至今从来没有见过任何一个不贪心的人，尤其是在商界当中，功利、拜金的背后都是一个单词在支撑，那就是贪心。我相信，直到未来，不贪心的人仍然会是这个地球当中的稀有者。

阿奇博尔德先生曾经说过，我是一匹能够闻到终点味道的赛马，一旦闻到我就开始冲刺。我知道这多少都有些奉承我的意思，但是在我内心当中，我的确早就为贪心保留了位置。

在我上商业学校的时候，我的一个老师曾经说过一句令我终身难以忘怀的话，这句话可以说从一定意义上改变了我的命运，他说："贪心并没有什么不对，人人都贪心，从贪心开始出发，才会有希望！"

当我的老师在讲坛上喊出这句非常有煽动性的话语时，台下的同学们都哗然了，因为只要一想到"贪心"的含义，我们就知道这个字眼是完全违背大多数人的道德观念的，这种道德观融合在我们生活的方方面面，它具有标尺一样的作用，无疑要给这个字眼打上肮脏的烙印。

但是当我真正走向社会，踏上创造财富之旅后，我才深切地认识到，那些学费花得真的是很值得，我老师的主张，其实是相当具有洞见性的。就像那些自然学家所告诉我们的那样，自然界从来不是仁慈的，而是一个强者为王、适者生存的环境。同样，我们所谓的文明社会也依然这样，如果你不贪心的话，那么最后很有可能你就会被别人贪掉，毕竟这样可口的甜点并不是太多。

如果你想要成就财富，创造出非常人生的话，我的感受，已经不再是"贪心是件好事"那么简单的了，而是贪心这件事情大有必要。

贪心就意味着我想要，我要得更多，最终独占才最好。我相信没有人心中不曾泛出这样的呐喊之声。从政的人说，我要掌权，我要从州长做到总统。经商的人会说，我想要赚很多很多的钱。做父母的人会说，我希望我的儿子能够有作为，永远都过着富足的生活。诸如此类种种，只是囿于道德的束缚，人们才紧紧地将这种贪心遮掩了起来，最终令贪心成了一种禁忌的观念。

事实上，只要这个追名逐利的世界一天不被毁灭，只要幸福不会轻易地就能够让人获得，人类就一天不会停止贪心。

那些爱八卦的人，总是把贪心当成恶魔。可是对于我来说，打开贪心这道门，并不等于打开了潘多拉的盒子，释放出了无时无刻不在跳动着的贪心，这就像是释放你内心当中的潜能。我从周薪只有五美元的簿记员，到现在成为美国最富有的人，正是因为贪心让我成就了这个契机，贪心才是最初推动着我创造财富的力量，就像它不停推动着社会的进步一样。

在我使用贪心这个词的时候，你或者更希望我将它换成抱负。不，现实一些吧，我们都正处在这个贪心的世界当中，我认为使用贪心比抱负来得更加纯粹，纯粹是灵魂当中最为无私的素质，它和真诚不同，它比真诚更加高尚。

在和山姆·安德鲁斯先生合办石油公司之初，我的贪心就在不停地膨胀着，我在每个临睡的夜晚告诫自己：我要成为克利夫兰最大的炼油商，让不断流淌的原油全部化成钞票，我要让自己的每一个念头都从利益出发，从而帮我变成石油之王。

在刚刚开始的那段时间当中，我事事亲力亲为，整天都在忙碌着。我指挥着炼油，组织着铁路运输，想各种各样的方法来节省成本，来扩充我的石油副产品市场。我永远都忘不了那段忍饥挨饿、夜以继日拼搏的日子。

我的儿子，命运是靠自己去开创的，想要的东西一定要想方设法地去得到。失败和成功的距离仅仅在一念之间，那就是谁的贪心更加强烈，谁具备这样的能量，谁就能发挥出自己全部的力量，不断地超越自己。让自己每个前进的步伐都感受到贪心的力量吧，贪心不仅仅能够帮助人将自己的力量发挥到极致，也能逼自己奉献出一切，从而排除千难万险，全速前进。

很多人都问过我这样的问题："洛克菲勒先生，是什么让你走向了财富的顶峰？"这个时候我不敢表露出自己的真实想法，因为贪心是那样的为人不齿，然而事实上，支撑我成为财富之主的，正是我唤起的贪心，更膨胀了我的贪心。

每个人的内心当中，都隐藏着这样一颗有力量的贪心。但是首先你必须要热爱它，告诉自己一定要贪心，告诉自己我要，我想要更多，这样它才能出来帮助你走向成功。

没有任何力量能够阻止我的贪心，因为我追求成功，贪心使我所实现的成功并不是罪恶的，而是成功，成功是一种高尚的追求，如果能以高尚的行为去获取到成功，我相信，对于人类的贡献远远比贫困的时候所能做到的更多，而我，做到了。

看一看今天我们所做的这些善举吧，将巨额的财富投入到教育、教会、医学甚至那些贫困的人身上，这绝对不是一时心血来潮的施舍，而是一项伟大的慈善事业，你看，世界正因为我的成功而变得更加的美好。看来贪心是件好事，而不是什么罪恶。

因此，如果说，那些说我贪心的人不是因为想要诋毁我，那么我会欣然地接受他们对我的评价。

约翰，我才是我自己生命的重心，我决定什么是适合我的，所以我并不在乎那些人到底说了什么，我的内心是一片安宁的，在那些人的眼中，我似乎永远都是一个拥有卑鄙动机的商人，即便是我投身慈善事业，也被他们当成一种诡计。他们怀疑我有追求私利的动机，却丝毫看不到我的公益精神，更有人甚至说我这么做是为了赎罪，真是可笑。

我真诚地想对你说，你的父亲永远都不会让你觉得羞愧，装在我兜里的每一分钱都是我辛苦赚来的，它们是干净的。我之所以能够成为富人，是我强烈事业心的回报。我坚信着上帝能够赏罚分明，我的钱是上帝给我的，而我之所以一直能够赚到钱，这是因为上帝知道我会将钱返还给社会，造福我的同胞们。

又到了我去读《圣经》的时间了，今天晚上的夜色真的好美，每颗星星似乎都在对我说："干得不错，约翰。"

爱你的父亲

1918 年 5 月 6 日

（此时老约翰 80 岁，小约翰 45 岁）

第 12 封
地狱里住满了好人

傲慢通常会导致人失败。

我不喜欢钱，我喜欢的是赚钱的过程。

我的信念是要抢在别人之前达到目的。

亲爱的约翰：

今天，在我去打高尔夫球的路上，遇到了一项久违的挑战。有一个年轻人开着自己的那辆时髦的雪佛兰，轻松地超过了我的车子。他严重地刺激了我这个老头好胜的本性，最后的结果是，他只看到了我的车屁股，这件事情让我感到很高兴，就像是昔日我在战场上战胜我的对手一样高兴。

约翰，好胜是人的天性，所以我才会说，那些谴责我贪婪的人都说错了，事实上我喜欢的并不是钱，而是赚钱的过程，我喜欢的是胜利之后那种美好的感觉。

当然，让别人输掉的感觉也令我不是那么舒服，但是商场就是这样，经商是严酷的战争，没有什么东西能够比决定别人出局更加无情的事情了，可是只有当你想方设法地战胜对手之后，你才能够保证自己不会失败，只要有竞争的地方，大抵都是如此。

不能否认的是，想要成功，总是难以避免地会牺牲掉别人，然而如果你想要赢得最后的胜利，就必须要将同情别人的念头抛掉，不要只想着做好人，不要保留实力，不要选择逃避或者想凭借拖延使你的对手出局。要知道，地狱里住的都是好人，失败的痛苦是商战的一部分，我们彼此都在做着努力灭掉对手的事情，如果没有奋斗到底的决心，那你就只能做个失败者。

坦白地说，其实我并不喜欢竞争，但是我努力地去做了。每当自己遇到强劲对手的时候，我心中那种争强好胜的本性就会燃烧起来，而每当它熄灭的时候，我所收获的就是胜利和快乐，而本森先生就曾经给我带来过这种巨大的快感。

另外与波茨先生的开战，其实是因为一个误会，一个因为好心而导致的误会。在 19 世纪 70 年代的时候，石油行业都集中在宾州西北部地区一个不是很大的地方，如果想要在那里铺设出一条输油管道网络，将所有的油井连接起来，我所需要借助的，仅仅是一个阀门而已，便能轻松地控制整个油区的开采量，从而彻底地霸占整个行业。可是我当时担心，利用管道来进行长途运输的话，会引起那些同我合作的铁路公司的不安，所以为了能够维护他们的利益，我一直都没有启动铺设输油管道的计划。

但是那个曾经戏要过我，最后又认输的宾州铁路公司却一直野心勃勃，他们甚至想要取代我，将当地的炼油业置于他们的掌控之中。他们想要将油区最大的两条输油管道并入到自己的铁路网，想要以此来要挟我。而负责完成这一计划的人，就是宾州铁路子公司帝国运输公司的总裁波茨先生。

坐视着自己的对手，哪怕只是潜在的对手实力增强，就等于是在削弱自己的力量，甚至最后会颠覆自己的地位。我可不是那么愚蠢的人，我的想法是，要抢在别人之前达到自己的目的。我迅速地和精明强干的奥戴先生组建了美国运输公司，与帝国公司开展了一场激烈的战争。感谢上帝最终站在了我这边，我们的努力终于得到了应有的回报，不到一年的时间，我们就控制了当地油区四成的石油运输业务，压制住了波茨先生的攻势，但是这一切，都仅仅是我和波茨先生交手的开始。

在这个世界上，最终能够出人头地的人，都是那些知道如何去利用自己理想环境的人，如果没有这种环境，他就会自己创造一个出来。

两年后，在宾州的布拉德福德又发现了另一个新的油田，奥戴先生迅速带领他的人扑向了那片疯狂之地，昼夜不分地将输油管道铺架到了新的油田当中，但是油田那帮家伙们太疯狂了，一点都不懂得节制，恨不得一天之内就把所有的油都采光，然后兴高采烈地带着大把的钞票走人。所以不管奥戴先生怎么努力，都没有办法运走这么多刚生产的石油。

我不想看到那些辛辛苦苦的采油商们毁灭掉自己，所以我让奥戴先生警告他们，他们的开采能力已经远远地超过了我们的运输能力，他们一定要缩减掉自己的生产量，不然他们开采出来的石油将变得一文不值。但是显然并没有人接受我的忠告，更没有人欣赏我们的努力，反而反过来质问我们，说我们为什么不运走他们的石油。

就在布拉德福德开采商们激动的情绪到达临界点的时候，波茨先生动手了，他先是在我们的炼油基地纽约、费城和匹兹堡向我们公然示威，收购我们竞争对手的炼油厂，接下来又开始在布拉德福德地区铺设管道，以此来抢占地盘，想要将布拉德福德的原油运送到自己的炼油厂。

我非常欣赏波茨先生的胆量，更加愿意接受他这种试图动摇我统治地位的挑战，但是我必须要将他赶出炼油行业。

我先是去拜访了宾州铁路公司的大老板斯科特先生，我直接对他说，波茨先生是一个偷取别人成功的人，他正在闯入我们的领地，我们一定要让他停下来。但是斯科特先生特别的固执，决心想让波茨的强盗行径继续。我没有选择，只好迎战这个很强大的敌人。

首先我终止了所有和宾州铁路公司的业务，并且指示我的部下们将运输业务全部转给一直坚定地站在我们这边的两大铁路公司，并要求他们降低运费和宾州铁路公司竞争，来削弱它的力量。同时我命令关闭依赖于帝国公司运输的所有匹兹堡的炼油厂，宾州铁路公司当时是全美最大的运输公司，斯科特先生是一个掌握运输大权的巨头，他们从来不会因为被征服感到荣耀，但是就在我这种混合式的打法之下，他们最终的结果只有臣服。

为了能够和我对抗，他们强忍着心痛给予我们竞争对手巨额的折扣，换种说法就是，他们为别人服务最终还要向别人付钱。接着他们使出了一个我看来很不得人心的招数，开始削减工资甚至是裁员。斯科特和波茨没有想到，就是这个招数令他们受到了惩罚，那些因此愤怒的工人们为了发泄自己内心的不满，一把大火将他们数百辆的油罐车和机车都烧掉了，逼得他们不得不向华尔街的那些银行家们贷款来解决。最终的结果是，当年宾州铁路公司所有的股东，非但没能获得红利，而且股票的价格也是一跌再跌，他们与我决斗的结果，就是他们的口袋越来越干净。

波茨先生不愧是参过军，并且在硝烟战火中获得上校军衔的人，他有着不屈不挠的精神，在胜负已分的情况之下，他依然想要和我战斗下去，可是同样有些军旅生涯的斯科特先生，尽管他之前表现得十分强硬，但是他懂得什么叫识时务者为俊杰，他果断地向我低下了自己曾经不可一世的头颅，派人告诉我，他想要讲和，并且放弃炼油业务。

我一直知道，波茨先生有能力证明自己是个伟大的人，可是最终他失败了，他彻底地失败了，就在几年之后，波茨放弃了和我对抗的欲望，最终成了我下属一个公司里非常勤奋的董事，一个精明又滑得像油一样的油商！

傲慢常常会令人失败，斯科特和波茨这样的人，一直以为自己出身高贵，所以目空一切。可是最后当我成功地驯服他们，那种成就感油然而生。

约翰，我十分喜欢胜利，但是我不会因为追求胜利而不择手段，不计代价的胜利并不是真正的胜利，而丑恶的竞争手段更是会令人感到厌恶，那等于将自己限定死，并且永远不能翻身，即便是侥幸赢得了一场胜利，最终也会失去再次获胜的机会。

循规蹈矩并不代表自己没有追求胜利的决心，而是采用一种更加合乎道德的方式去赢得胜利，在这种限定之下，公平、公正、无情地去追求胜利，而我，希望你能做到这点。

爱你的父亲

1918 年 8 月 11 日

（此时老约翰 80 岁，小约翰 45 岁）

第 13 封
天下没有白吃的午餐

如果你想让一个人残废，只需要给他一副拐杖。

你否定了他的尊严，也就代表你抢走了他的命运。

《智慧之书》的第一章，也是最后一章，就是天下没有白吃的午餐。

亲爱的约翰：

我想你已经看到了那条指责我吝啬，说我捐款少的新闻了，其实这并没有什么，我的一生当中被这些记者骂得已经够多了，我早就已经习惯了他们的苛刻与无知。通常我回应他们的办法只有一个，那就是不去辩解，保持沉默，不要去管他们到底怎么说，因为我清楚地知道自己的想法，我坚定地认为自己是正确的。

每个人都要选择自己所走的道路，重要的是要问心无愧，有这样一个故事或许能够很好地说明，我为什么很少去理会那些想要依靠我出钱来解决个人问题的理由，更能够解释为什么让我出钱比让我赚钱更容易让我紧张的原因。这个故事是这样的。

有一户农家，圈养了几头猪，突然有一天，主人忘了把圈门关上，于是那几头猪逃跑了，然后经过了几代的繁衍，这些家猪变成了野猪，变得越发的强悍和狡猾，甚至开始威胁到当地的行人。几个有经验的猎手听到了这件事情，想要为民除害，可是这些野猪太狡猾了，从来都不会上当。

约翰你看，当猪开始独立的时候，都会变得那样的聪明和强悍。

有一天，有个老人赶着一个拖两轮车的驴车，拉着很多粮食和木材，走进了这片野猪出没的村庄。当地的居民十分好奇，于是走向前去问老人："你是从哪里过来的啊，是要去做什么？"老人告诉他们："我是来帮你们抓野猪的啊。"几个乡民听到之后不停地嘲笑他："快别逗了，连那些猎人都没有办法的事情，你怎么可能做到？"但是两个月之后的某天，老人回来了，并且告诉乡民，那些野猪已经被他关在了圈定的围栏里面。

乡民们对此表示很惊讶，不停地追问老人是如何做到的："这太不可思议了，你到底是怎么抓到它们的？"

老人向他们解释说："刚开始的时候，我找到了野猪时常出没的地方，然后在空地上放了一些食物当成诱饵，那些野猪刚开始的时候不敢靠近，只是好奇地在附近跑来跑去，闻那些粮食的味道，很快就有一头老野猪吃了第一口，随后其他的野猪也跟着吃了起来，这个时候我就知道，我肯定能够捉到它们。"

"于是第二天的时候，我又多加了一些粮食，并且在不远的地方支起一块木板，那块木板就像是幽灵一样，让它们不敢靠近，但是白吃的午餐太有诱惑力了。所以不久之后它们就又跑回来大吃起来，当时野猪并不知道它们已经上当了，而在之后的日子当中，我所需要做的，仅仅是每天在粮食的周围围起一块块木板，直到我的陷阱完成。"

"然后，我挖了个坑将我的第一根角桩立了起来。每次当我添加一些东西，它们就会远离一段时间，可是最后依然逃不过免费午餐的诱惑，就这样，围栏造好了，陷阱的门也已经准备完毕，而之前养成的不劳而获的习惯让它们毫不顾忌地走进了围栏，随后我收起陷阱，那些吃午餐的猪就这样被我抓到了。"

其实这个故事的寓意十分简单，一只动物如果要依靠人类供食的时候，它的智慧就会消失，随后的遭遇相信大家都知道。同样的情况其实也适用于人类，如果你想要让一个人残废，你只要给他一副拐杖，然后再等一段时间就能达到目的；换句话说，如果在一定的时间当中，你能给一个人提供免费的午餐，那么他就会养成不劳而获的习惯，别忘了，人在娘胎的时候，就已开始有了被照顾的需求了。

是的，我一直都在鼓励你要学会去帮助别人，但是就像我平时跟你说的那样，如果你能够给一个人一条鱼，你只能够养活他一天，可是如果你教给了他捕鱼的本事，就等于养活了他一生。这个关于捕鱼的老话是非常有意义的。

在我看来，资助资金其实是一种非常错误的帮助，它能够让人失去勤奋的动力，从而变得懒惰和不思进取，并且没有任何责任感，而更为重要的是，当你施舍一个人的时候，就等于你否定了他的尊严，而你否定了他的尊严，就等于抢走了他的命运，而这在我看来其实是十分不道德的。作为一个富人，我的责任是造福于人类，而不是制造懒汉的机器。任何人一旦养成懒惰的习惯，这个习惯就会一直占据着他的生命，白吃的午餐并不会让一个人走向光明的道路，这只会让他失去赢的机会。然而勤奋的工作却是唯一可靠的出路，工作是我们享受过程而付出的代价，财富则需要我们依靠自己的努力去获取。

在很久很久以前，有一个非常聪明的老国王，他想编写一本智慧宝典，以造福他的后代子孙千秋万世。有一天，他召集自己最为聪明的臣子前来，对他们说："没有智慧的大脑，就像是没有蜡烛的灯笼，我需要你们编写一本各个时代的智慧宝典，来照耀我子孙的前程。"

这些聪明的臣子领命离去后，用很长的时间完成了一本十二卷的巨作，并且骄傲地告诉老国王："陛下，这就是各个时代的智慧宝典。"

老国王看了之后说道："各位先生们，我相信这是各个时代智慧的结晶，但是它太过于厚重了，我担心我的子孙们读完它会不得要领，你们将它浓缩一下吧！"然后这些臣子又花费了很长的时间，经过大量的删减，将这些内容变成了一本书，但是老国王还是认为它太长了，于是命令臣子们继续缩减。

这些聪明的臣子将这本书浓缩成了一章，随后又浓缩成了一页，随后精简成了一段，最后则变成了一句话。聪明的老国王看到这句话觉得非常满意，他说："各位先生，这真的是各个时代的智慧结晶，并且所有的人一旦知道这个道理，我们大部分的问题都会迎刃而解。"这句话就是"天下没有白吃的午餐"。

《智慧之书》的第一章，也是最后一章，就是"天下没有白吃的午餐"。如果世间的人们都知道想要有所成就，就要努力工作的道理，这个世界就会变得更加的美好，而那些企图白吃午餐的人，迟早会付出该有的代价。

一个人活着，就必须要对自己负责，同时要在外界创造足够让自己的生命和死亡有点尊严的东西。

爱你的父亲

1911 年 3 月 17 日

（此时老约翰 73 岁，小约翰 38 岁）

第 14 封
做傻的聪明人

没有经历过不幸的人，才是最不幸的。

好好地夸奖一头猪，它就能够爬到树上。

自认为聪明的人往往是傻瓜，懂得装傻的人才是真的聪明。

亲爱的约翰：

　　明天，我就要回到老家克利夫兰处理一些我们家族自己的事情，我希望在这段时间中，你能够帮助我来打理一些事情。但是我要提醒你的是，如果你遇到一些自己拿不定主意的事情，一定要多向盖茨先生请教。

　　盖茨先生是我最为得力的助手，他对我真诚且忠实，有什么意见都会直言，并且做事尽职尽责，精明干练，总是能够帮助我做出最为明智的选择，我十分信任他，我相信他一定能够为你提供帮助，当然，前提是你要尊重他。

　　儿子，我知道你是布朗大学一名非常优秀的毕业生，你在经济学和社会学方面的知识是很优秀的。但是，你应该清楚地认识到，书本上的知识终究只是知识，除非你能够将这些知识付诸行动，不然什么事情都可能会发生，而且，教科书上的知识，基本上都是那些知识匠人躲在象牙塔里编纂出来的，它很难帮助你解决实际的问题。

　　我希望你能够放下你的知识、你的学问，这是你走向坦途的重中之重。

　　你需要了解的是，学问本身并不会怎么样，你要学会活学活用，才能够发挥知识本来的作用，要成为活用学问的人，首先你要成为具有行动力的人。

　　那么这种行动力从何而来呢？我认为，这些需要从吃苦当中得来。我的经验告诉我，走过那些艰难的、布满艰辛和困难的道路，不仅仅会铸就我们坚强的性格，我们赖以成事的行动力也会应运而生。在苦难当中不断向上攀爬的人，知道如何去千方百计地寻找方法来解救自己，处心积虑地吃苦，是我坚信的成功信条之一。

　　也许你会嘲笑我，认为没有什么比想要吃苦更加愚蠢的事情了。不，没有经历过不幸的人，才是最大的不幸。很多事情都是来得快去得快，那些一夜成名、一夜暴富的人，很多在极短的时间当中就销声匿迹了。吃苦所得到的，就是如何将你的事业建立在坚实的基础上，而不是像流星那样，转瞬即逝。人一定要有远见，只有长时间地吃苦，才能长时间地收获。

我相信你已经发现了，自从你到我身边工作开始，我并没有将什么重要的任务交给你。但是这不代表我轻视你的能力，我只是希望你更加善于做小事而已。

做好小事才能做大事，如果一开始你就高高在上，就不能了解自己部属的心情，也就不能真正灵活地去调动自己的下属。在这个世界当中想要存活，就要创造成就，你必须要学会借助人力，也就是别人的力量，可是想要做到这点，你要学会从小事做起，才能够了解部属的心情，当有一天你能身居要位，你就会更加清楚怎样让他们贡献出自己全部的工作热情。

儿子，这个世界上有两种人头脑最聪明：其中一种人是能够活用自己的聪明人，比如那些艺术家、演员和学者。而另一种人就是活用别人的聪明人，比如那些领导者、经营者。而后一种人需要一种很特殊的能力，那就是抓住人心的能力。但是很多领导者都是聪明的傻瓜，他们以为想要抓住人心，就要采用一种由上而下的工作方式。在我看来，这是非常愚蠢的，这样非但不能得到领导力，反而会降低自己的领导力。要知道，每个人对于自己受到轻视的事情都会非常敏感，被看成矮一截就会丧失所有的动力，而这样的领导者只会让自己的部属更加无能化。

哪怕是一头猪被人夸奖一番，它都能够爬到树上。懂得如何驱使别人的领导者、经营者或者那些大有作为的人，一直是宽宏大量的，他们知道如何去赞美别人，这意味着他们要有感情的付出，而付出这些感情的领导者，最终一定会取得胜利，并且收获部属的敬重。

没有知识的人没有什么作为，但是有知识的人很有可能最后成为知识的奴隶，每个人都要知道，一切的知识都会转化为一种先入为主的观念，结果形成了一种保守的心理，认为"我懂了，我知道了，社会原本就是这样的"。有了"懂"这个概念之后，就会缺乏探寻的兴趣，失去兴趣，就等于丧失了前进的动力，最终留给他的，也只剩下百无聊赖了。这就是因为"不懂"才能成功的道理。

但是受到自尊心和荣誉感的支配，很多拥有一定知识量的人对于"不懂"总是难以启齿的，好像去向别人请教，表示自己不懂，是一件多么见不得人的事情，甚至将无知当成了一种罪恶。而这种聪明就是愚蠢，这种人永远都不会懂得，每一次说不懂的机会，都将成为我们人生当中的转折点。

那些自作聪明的人是傻瓜，而那些懂得装傻的人才是真正的聪明人。如果我们将聪明视作可以捞到好处的话，那么我显然不是一个傻瓜。

直到如今我都能清楚地记得有一次我装傻的场景，那个时候我正在为了怎样筹到15000美元而动脑筋，那个时候哪怕是走在大街上，我都在思考这个问题。说来很有意思，当我满脑子想着借钱的时候，有个银行家拦住了我的去路，他在马车上低声问我："你想不想用50000美元，洛克菲勒先生？"

在那一刻，我简直不敢相信自己的耳朵，我交好运了吗？可是当时我并没有表现出丝毫的急切，我看了看对方，慢条斯理地和他说道："是这样的，你能给我二十四个小时来想一下吗？"结果我用最为有利于我的条件达成与他借款的合同。

装傻能够给你带来的好处还有很多，这里装傻的含义，其实是摆低自己的姿态，让自己学会谦虚，换句话来说，就是不要将你的聪明表现出来。越是聪明的人就越有装傻的必要，因为就像那句话说的那样，越是成熟的稻子，越会垂下自己的稻穗。

儿子，有了爱好，遇事才能做到轻巧，现在，就开始热爱这种装傻吧。

我已经料想到了，在我离开的这些日子里，让你独当一面，对你来说绝对不是件容易的事情，可是这并没有什么。让我等等再说，是我在经商当中一直奉行的格言。我做事的时候有个习惯，就是在做出任何决定之前，先冷静地去思考，但是一旦做出任何决定的时候，就要义无反顾地坚持到底，我相信你一定能够做到。

爱你的父亲

1890年10月9日

（此时老约翰52岁，小约翰17岁）

第 15 封
财富是勤奋的副产品

财富，是对我们勤奋的奖励。

勤奋是为了自己，而不是为了别人。

财富不是目的，只是勤奋工作的副产品。

亲爱的约翰：

　　非常高兴能够收到你的来信，你的信中有两句话说得令我非常满意，一句话是你如果不是赢家就是在自暴自弃，另一句是勤奋出贵族。这两句话是我不折不扣的座右铭，如果不谦虚地说，它们就是我人生的缩影。

　　关于那些不怀好意的报纸，每当在谈及我创造的财富时，通常是把我比喻成一台有天赋的赚钱机器，可是事实上他们对我一无所知，更是对历史缺乏洞见。

　　作为一名移民，努力地达成希望是我们的天性。在我还很小的时候，我的母亲就把节俭、勤奋、自立、守信以及不懈地创业精神完美地带入到了我的学业。我相信这些美德，并且把它们当成伟大的成功信条。时至今日，我仍然坚信着这些伟大的信念。而所有的这一切，最终都成了我向上攀爬的阶梯，把我一步步送上了财富之路的顶端。

　　当然，曾经那场几乎要改变了美国人民命运的战争，让我收获很大，我可以真诚地说，是它成就了我今天商界巨子的地位。没错，南北战争带给了民众前所未有的巨大商机，它提前把我变成了富人，帮我在战后的抢夺中脱颖而出，提供了资本支持，以至于后来我才能够收获那么多的财富。

　　但是你要知道，机会和时间是对等的，为什么我能抓住机会成功，而更多的人却没有抓住这些机会，最终只能沦为贫困的境地呢？难道真的像那些诋毁我的人说的那样，是因为我的贪得无厌吗？

　　不，这一切的原因是勤奋，机会从来都是留给勤奋的人，在我还很小的时候，我就坚信这条成功法则。财富只是目的，它只是勤奋工作的副产品。每个目标的达成都来自大脑勤奋的思考，以及行动上勤奋的劳作，实现财富梦想同样如此。

　　我非常推崇"勤奋出贵族"这句话，这句话是让我永远都怀着敬意的箴言。不管是过去还是现在，不管是在北美还是在遥远的东方，那些享有地位、尊严、荣耀和财富的贵族，都拥有一颗永不停息的心，都有一双坚强而有力的臂膀，他们身上所凸显出的毅力和顽强意志十分令人钦佩。而正是因为他们拥有这样的品质，最终才能获取到自己的事业、财富，赢取世人的尊崇，最终成为顶天立地的人物。

约翰，在这个不停变化的世界当中，没什么贵族是能一直富贵下去，也没有什么穷人是不能翻身的。就像你知道的那样，在我还小的时候，我所穿的衣服是破烂的，家境贫寒到时常需要别人接济才能过日子的境地。但是今天你也看到了，我拥有了一个庞大的财富帝国，并且已经将巨额的财富投注到了慈善事业当中。就好像是万事都会变化一样。出身卑贱的穷人，通过自己的努力，执着地去追求梦想，一样有出人头地的那一天。

一切的荣誉都要依靠自己去争取，只有这样，这些财富、这些荣誉才能长久。但是在今天这个社会，我所看到的很多富家子弟都处在一种不进则退的状态之下。不幸的是，他们当中的大多数，都已经丢掉了进取的精神，整日里好逸恶劳，挥霍无度，以至于很多人最终的结果是在贫困当中死去。

所以，你要去教导你的孩子们，想要在这场人生风浪的搏击当中成就自己，享受到成功的喜悦，赢得整个社会的尊重，这一切都只能依靠自己的双手去创造。要让他们知道，荣誉的桂冠，最终只会戴在那些勇敢者的头上。你要告诉他们，勤奋不是为了别人，而是为了自己，他们自己才是勤奋最大的受益人。

在我很小的时候我就坚信，不经过辛勤的劳作，就不会有丰收的果实。作为一个穷人的孩子，除了靠勤奋去获得成功和财富、赢得尊严之外，我没有其他的方法。在我上学的时候，我并不是一个聪明的孩子，但是为了不落后，我只能勤奋地去温习功课，并且坚持这样。在我十岁的时候我就知道，我要努力干活，砍柴、挤奶、打水、耕种，我什么都会干，什么都能干，而且我从来不吝啬自己的勤奋。正是农村那段艰苦而辛劳的岁月，磨砺了我坚强的意志，让我在日后创业的时候，变得那样的坚忍不拔，塑造了我更加坚强的自信心。

我知道我之所以总是能够在陷入困境的时候还保持平静，包括我最后取得的成功，有很大一部分原因都得益于我自小就建立起来的自信心。

勤奋能够修炼人的品质，更加能够培养出人的能力。在我受雇于休伊特－塔特尔公司的时候，我就已经成了很出色的年轻簿记员，在那段时间当中，我一直夜以继日地工作，当时我的雇主对我说，以你这种非凡的毅力，假以时日你一定会成功的。尽管当时我并不知道我的将来会成为什么样子，但是有一点我一直坚信，那就是只要我能用心地去做一件事情，我一定不会失败。

时至今日，我已经年近七十，但是我依然在商海当中拼杀。因为我知道，结束生命最为快捷的方式就是什么都不做。人人都有权利将退休生活当成是另一个开始，那种整日无所事事的生活态度会令人中毒。而我，始终都把退休当成再次出发的起点，我一天都没有停止过奋斗，因为我知道，生命的真谛是什么样子。

约翰，我今天的显赫地位、巨额的财富，只不过是我通过付出比常人更加多的努力所换取到的。我原本只是一个普普通通的常人，头顶上也没有什么桂冠，但是这么多年来，凭借我坚强的毅力和不断的耕耘，最终功成名就。我的名誉才不是什么虚名，那是我用血汗一点点浇灌出来的，那些浅薄的人们对于我的嫉妒，其实对我是不公平的。

我们的财富是对我们自己勤奋的嘉奖，这些让我们能够更加坚定信念，认准目标。凭借着对自己的信心，继续去努力吧，我的儿子。

爱你的父亲

1907 年 1 月 25 日

（此时老约翰 69 岁，小约翰 34 岁）

第 16 封
不要找借口

借口是一切失败的根源。

一个人越成功，就越不会去找借口。

百分之九十九的失败，都是因为人们常常去找借口。

亲爱的约翰：

　　斯科菲尔德船长这次又输了，他显然有些气急败坏了，这次他一怒之下将自己那根很漂亮的高尔夫球杆给扔掉了，结果他只能再买一根新的。

　　坦白地说，我个人是比较欣赏船长的性格的，人生的目标无非就是求胜，打球也是这样，所以我准备买个新的球杆送给他，但愿他不会认为这是我对他发脾气的奖赏，否则他一直这样下去的话，可就真的够我头疼的了。

　　斯科菲尔德船长还有另外一个优点是令人称道的，尽管输球会让他不高兴，但是他却认为赢球本身并不是代表一切，而是努力去赢的过程才是最为重要的。所以每次在他输球之后，他从来不给自己找任何借口。事实上，他完全可以用年龄太大、体力跟不上等原因来解释他输球，为自己找回那么一点颜面，但是他却从来都不会这么做。

　　在我看来，找借口其实是一种思想上的疾病，而患有这种病症的人，通常都是失败者，当然，也不乏有一些人会有轻微的症状。但是我们要知道的是，一个人越是成功，就越不会找借口。那些处处成功的人，和那些没有作为的人之间，最大的差别，就在于找借口。

　　只要在日常生活中你稍微地留意就能够发现，那些没有什么作为，也没有计划成为有作为的人，常常会有一堆乱七八糟的借口来解释：自己为什么没有做到，为什么没有那么去做，为什么自己不能去做，为什么他是那个样子？失败者在面对自己失败的时候，第一件事就是给自己的失败找出这样或者那样的借口。

　　我看不上那些善于给自己找借口的人，因为那是非常懦弱的表现，同时我也非常可怜那些善于给自己找借口的人，因为借口往往是失败的源泉。

　　一旦一个失败者找到一个看起来很好的借口，他就会将其当作救命稻草般抓住不放，然后总是拿着这个借口对自己和其他人解释：

为什么他没有办法再做下去，为什么他没有办法获得成功。起初，他还能知道自己的借口其实是一种谎言，但是这种借口说得多了，随后他的大脑就会想方设法地让获胜的欲望慢慢变成零。但是他们从来都不愿意承认自己其实是个爱找借口的人。

我偶尔见到有人站出来说："我是依靠自己努力获得今天的成功的。"到今天为止，我还没有见过任何男人或者是女人，勇于面对自己的失败。失败者通常都有自己的一套失败的借口，他们通常将自己的失败归咎于自己的家庭、性格、年龄、环境、时间、肤色、宗教信仰甚至是宇宙星象，而这些借口当中最坏的莫过于自己的健康、才智和运气。

我们常常见到的借口，就是我们身体上的原因，通常一句"我身体不好"，抑或是我有这样或者那样的疾病，就成了自己不去做的理由。然而事实上，没有一个人是完全健康的，每个人都会有这样或者那样的身体上的疾病。

很多人往往会屈服于自己的这些借口，但是一心想要成功的人则不这么想。盖茨先生曾经帮我引荐过一个大学的教授，他在一次旅行当中因为不幸失去了一条手臂，但是他像我所认识的每一个乐观的人一样，他会经常地微笑，会经常采取各种举动去帮助别人。

有一天我们在谈及他的手臂时，他跟我说："那不过是一条手臂而已，当然，两个总是比一个好。但是我庆幸的是，被切除的只是我的手臂，我的心灵还是百分之百的完整，为此我感到十分庆幸。"

有一句老话说得非常好："我一直在为自己没有好鞋穿而懊恼，直到有一天我发现，有的人没有脚。"庆幸自己身体健康比抱怨哪里不舒服要好得多。为自己的身体健康而虔诚地祈祷，庆幸自己能够预防各种病痛的伤害。我常常提醒自己：累坏自己总是比腐朽要来得更好。生命是要让我们用来享受的，如果浪费光阴去担忧自己的健康而忧思成病，那才是真正不幸的事情。

"是我不够聪明"的借口也是这些人常用的，几乎有百分之九十五的人都或多或少有这些毛病，只是程度不一样而已。这种借口和别的不一样，它常常表现为什么都不说。人们不会公开去承认自己缺少足够的聪明才智，很多时候都是在自己的内心中默默地去想一想。

我发现很多人对于"才智"这件事有两种基本的错误态度，一是低估自己的脑力；二是高估了别人的脑力。往往因为这些错误，使得很多人去轻视自己。他们不愿意去接受挑战，因为那需要相对较高的才智。那些觉得自己不够聪明的人才是真正的愚蠢，他们应该知道，如果一个人不去考虑自己能不能行，而是勇敢地去做，就一定能够做好。

我认为这之中最为重要的，就是不管你到底是聪明还是不聪明，如何使用你现在已经拥有的这种才智才是最重要的。要想成为一名合格的商人，不需要你有多灵敏的触觉，不需要你有超人的记忆力，也不需要你在上学的时候名列前茅，其中的关键，是你要对经商有强烈的兴趣和信心。兴趣和信心才是决定你成败的重要因素。

事情的结果往往和我们投入的程度成正比，全身心投入一件事情能够令事情变好一百倍一千倍。很多人并不知道什么叫作全身心投入，全身心投入要就是"将事情当作自己毕生事业去做"的那种执着和干劲。

我相信那些才智平常的人，如果拥有乐观积极的处世态度，将比那些才智出众却一直悲观、消极的人，赚取到更多的金钱，赢取到更多的尊重，并且获得更大的成功。一个人不管他面对的是那些琐碎的小事，还是艰巨而重要的计划，只要他能保持自己的热忱去完成，结果将会远远好于那些聪明但是懒散的人，因为专注和执着，占据了一个人百分之九十五的能力。

有些人总是在不停地感叹，为什么那么多出色的人，最终的结局是失败呢？我可以永远不再让他们叹气，如果一个聪明的人，将自己全部的聪明才智都用在否决成功上面，而不是去引导资金寻找成功的方法，那么失败是显而易见的。消极的思想始终占据着他们的脑力，令他们没有办法一展拳脚最后导致一事无成，如果他们能够改变这种心态，相信他们能够做出很多伟大的事情。

想成就大事，却不懂得去思考的大脑，最终也只是一桶廉价的糨糊而已。

引导我们自己去发挥聪明才智的思考方式，远远比我们才智的高低更加重要。即便是学历再高也没有办法突破这项基本的成功准则。天生的才智和教育程度并不是评定业绩好坏最重要的原因，而在于思想管理。那些成功的商人从来不杞人忧天，而是一直抱有热忱。要改变天赋的素质不是易事，但是改善运用自己天赋的方法却非常容易。

很多人都迷信所谓的知识就是力量，在我看来这句话仅仅算是说对了一半。拿才智不足当借口的人，都错误地理解了这句话的意思。知识只是一种潜在的力量，只有将这些知识付诸现实应用当中，而且是一种建设性的应用，才能够彰显出它的价值。

在标准石油公司当中，没有什么活字典式的人物存在，因为我并不需要那些只会记忆却不会去思考的"专家们"。我需要的是那些能够真正去解决问题，能够想出各种办法的人，是那些拥有梦想并且勇于去实现梦想的人。那些有创意的人能够帮我赚钱，而那些只会记忆资料的人却不能。

一个不以才智当借口的人，从来不会低估自己的才智，也从来不会高估别人的才智。他将自己的注意力全部专注地用于自己的资产，发觉他拥有的优异能力。他知道真正重要的并不是什么聪明才智，而是如何去应用这些才智。他会经常提醒自己，我的心态远远比才智更加重要。他有那种要建立"我一定会赢"的态度的强烈渴望。他知道如何运用自己的才智去创造奇迹，用自己的才智去寻找到各种解决问题的方法，而不是去证明自己终将会失败。他知道，思考远远比死记硬背更加重要，他要用自己的头脑去创造、去发展新的观念，去不断地追寻更好的方法，他更会随时提醒自己：我正在用我的心智去创造历史，或者是去记录别人创造的历史。

每件事情的发生都会有它的原因，人类的遭遇也并不是什么碰巧发生的，所以很多时候，人们会将自己的失败归咎于运气不好，看到别人成功的时候，就认为那是因为他们的运气太好了。我从来不相信什么运气的好坏，除非我将那些精心筹备了的计划和行动叫作"运气"。

如果将谁该做什么都交给运气，那么相信每种生意最终都会失败。假设标准石油公司要靠运气来实现重组，那么就可以把公司所有职员的名字放到一个大桶里，第一个被抽出来的人当总裁，第二个人是副总裁，然后按照这个顺序下去。怎么样？很可笑吧！这就是运气的功能。

我从来不会去屈从于什么运气，我只相信因果定律，看看那些看着好像是红运当头的人，你会发现并不是什么运气，而是准备、计划以及那些积极的思想所带给他们的成功。再去看看那些运气不好的人，你会发现失败都是有原因的。成功者在面对挫折的时候，会从失败当中去学习，再创另外一个时机，而平庸的人往往会因此而灰心丧志。

一个人不可能依靠运气去获取到成功，而是要靠付出的努力。我从来不妄想去靠运气获取成功，所以我不断地发展自我，修炼出让自己成为"赢家"的各种特质。

借口把大部分的人都挡在了成功的大门之外，百分之九十九的人失败，都是因为他们常常去给自己找出这样或者那样的借口。所以在追求事业成功的过程中，最重要的一个步骤，就是防止为自己去找借口。

爱你的父亲

1906 年 4 月 15 日

（此时老约翰 68 岁，小约翰 33 岁）

第 17 封

你手中握有成功的种子

我是自己最大的资本。

我最大的信念就是要相信自己。

每个渴望成功的人都应该知道，成功的种子就在你的身边生长。

亲爱的约翰：

　　就在昨天，我收到了一个立志于要成为一名富翁的年轻人的来信。在信中，他恳请我回答他一个问题：他缺少资本，应该如何去创业？

　　我的天啊，他是想让我给他的生命来指明道路，可是教诲别人并不是我所擅长的，然而他的诚恳令我没有办法拒绝，这真的是一件让人痛苦的事情。但是我还是回信跟他说，你所欠缺的并不仅仅是资本，你更需要的是尝试，因为尝试比金钱更加的重要！

　　对于一个即将踏上创业旅程的贫寒之子来说，他们往往会陷入缺少资本的苦恼，这个时候如果他们再去恐惧失败，他们就会犹豫不决，像蜗牛一样缓慢地前进，甚至于不敢向前，最终导致永无出头之日。所以我在给那个年轻人的回信当中，特别地提醒了他：

　　"从贫穷到富有的道路上，始终是一路畅通的，重要的是你始终要坚信，我自己就是最大的资本。你要学会锻炼自己的信念，不停地去探寻自己迟疑的原因，知道信念能够取代自己的怀疑。你要知道的是，你自己不相信的话，就没有办法达成希望，信念才是带你前进的原动力。"

　　每个渴望成功的人都应该知道，成功的种子就在自己的身边生根发芽，只要你能够清楚地认识到这一点，你就能够获得自己想要的东西。在信中，我给那个年轻人讲了一个阿拉伯人的故事，我相信这个故事一定能够惠泽他人，甚至是所有的人。

　　这个故事是这样讲的：

　　从前有一个波斯人，名字叫作阿尔·哈菲德，他的家在离印度河不远的地方，他拥有着一大片的兰花园、数百亩的良田以及园林。他是个懂得知足的人，并且十分富有。也正是因为他的富有，所以他十分知足。直到有一天，有一个老僧人来拜访他，坐在火炉旁对他说："你富有，同时你的生活十分安逸，可是如果你拥有满满一堆的钻石，你就能够买下整个国家的土地。如果你能够拥有一整座钻石矿的话，你就能够通过这笔巨大财富的影响，将自己的孩子送上王位。"

　　哈菲德在听到老僧人说的这番极具诱惑的话之后，当天晚上他就觉得自己变成了一个穷人，这并不是因为他失去了自己的一切，而是因为他开始变得不再满足，他觉得自己很穷，他想："如果我有一座钻石矿就好了。"所以他整夜都不能成眠，第二天一大早就跑去找那个僧人。

老僧人对于一大早就被吵醒的事情，感到非常不高兴。但是哈菲德并不在意这些，他满不在意地将老僧人从睡梦当中摇醒并对他说："你能够告诉我，在什么地方能够找到钻石？"

"钻石？你问这个干什么？"

"我想要拥有一笔巨大的财富，但是我不知道在哪里能够找到钻石。"哈菲德说道。

老僧人明白了，他说："你只要在山里面找到一条在白沙当中穿行的河流，就能够在沙子当中找到钻石。"

"真的有这样的河流吗？"

"有很多啊，只要你外出去寻找，就一定能够找到。"

"好吧，我一定会找到的。"哈菲德说。

于是，他卖掉了自己的农场，收回外面的欠款，然后将自己的房子交给邻居去看管，就开始了自己找寻钻石的旅程。

他先是去了月光山区去寻找，随后辗转到了巴勒斯坦，接着又跑去欧洲，最终他花光了自己身上所有的钱。最后他就像一个乞丐一样，站在西班牙巴塞罗那的海边，看着巨浪越过赫丘力士石柱向他汹涌而来，这个饱受沧桑而痛苦万分的可怜人，没有办法抵抗诱惑而纵身一跃，随着浪头跌入大海，了结了自己的一生。

在哈菲德死后的一天，他的继承人拉着一匹骆驼去花园当中喝水，当那匹骆驼将鼻子伸到花园那清澈见底的溪水当中时，那位继承人在浅浅的溪水白沙当中，看到一片奇异的光芒，于是他伸手下去摸到一块黑色的石头，石头上面有一处地方在闪着光亮，发出了如同彩虹一样的颜色。他把这块怪异的石头拿到了屋子当中，挡在壁炉的架子上，随后他就忘记了这件事情，继续去忙自己的工作了。

几天之后那个老僧人来访，他发现了那块放在架子上闪着光芒的石头，立即奔跑过去惊讶地喊道："天啊，这是钻石，这是钻石，是哈菲德回来了吗？"

"没有，他并没有回来，那仅仅是一块石头，并不是什么钻石，那是我在我家的后花园当中捡到的。"

"年轻人，你要发财了，我认识，这是钻石，这真的是钻石。"

于是，他们两个一起奔向花园，用手捧起了溪流当中的白沙，发现了很多比第一颗更漂亮、更有价值的钻石。

这就是人们发现印度戈尔康达钻石矿的由来，那是人类历史当中最大的钻石矿，它的价值远远超过了南非的金佰利，甚至英国国王皇冠上所镶嵌的库伊努尔大钻石，还有那颗镶嵌在俄皇王冠上面的世界第一大钻石，全部都是来自那座钻石矿。

约翰，每当我回忆起这个故事，就难免会为哈菲德感到叹气，如果他能够留在自己的家乡，挖掘自己的土地和花园，而不是去异国他乡寻找，就不会沦落成乞丐，贫困挨饿，最后跃入大海而亡。他本来就拥有着遍地的钻石啊。

并不是每个故事都有意义的，但是这个波斯人的故事却带给了我非常宝贵的人生教诲：你的钻石并不在遥远的高山和大海上，如果你愿意去挖掘，也许钻石就在你家的后院，重要的是，你一定要真诚地相信自己。

每个人都有自己的理想，这个理想决定着他未来努力的方向，单纯意义来讲，我觉得不相信自己的人，就跟窃贼一样，因为任何一个不愿意相信自己的人，并且不能充分发挥自己本身能力的人，可以说是向自己偷窃的人。并且在这个过程当中，由于创造力的低下，等于他从社会进行了偷窃。其实没有人会从自己手里故意地去偷窃，他们都是无意中的行为，然而这个罪状仍然十分严重，因为所造成的损失，其实是和故意偷窃一样的。

只有彻底地戒除掉这种向自己偷窃的行为，我们才有可能爬向更高的山峰，所以我希望那个渴望发财的年轻人，能够思索出这个故事当中所蕴含的教诲。

爱你的父亲

1926 年 5 月 29 日

（此时老约翰 88 岁，小约翰 53 岁）

第18封
我没有权利当穷人

我应该成为富翁，我没有当穷人的权利。

要学会让金钱成为我的奴隶，而不是我成为金钱的奴隶。

手里每多一分钱，就增加了一份决定未来命运的力量。

亲爱的约翰：

　　有许多的悲剧，都是因为骄傲和偏执所造成的，制造贫穷的人也是这样。

　　在很多年以前，我曾经在第五大道浸礼会教堂，偶遇过一个叫汉森的年轻人，他是一个在节衣缩食当中悲惨度日的小花匠。也许汉森先生将这种坚守贫穷的行为视为一种美德，他摆出一副品格高尚的样子和我说："洛克菲勒先生，我想我有责任和你探讨这样一个问题，金钱是罪恶之源，这是《圣经》当中说过的。"

　　就在那个瞬间，我想我突然明白为什么汉森先生和财富无缘了，他从自己对《圣经》的误解当中，获取到了一种错误的人生教诲，自己却浑然不觉。

　　我不愿意这个可怜的年轻人困在自己心胸狭窄的沼泽中越陷越深，我跟他说："年轻人，我从小就开始接受各种基督教义的熏陶，并且将此当作了自己的行为准则，我相信你也是这样的。但是我的记忆力似乎比你要好那么一些，你不要忘记，在那句话的前面还有一个限定的词——喜爱。喜爱金钱是万恶之源。"

　　"你说什么？"汉森张大了他的嘴巴，那样子好像要吞下一整条鲸鱼，我真希望他赚钱的胃口也能那么大。

　　我拍了拍他的肩膀说道："是这样的，年轻人。《圣经》源于人们的尊严和爱，是对宇宙最高心灵的敬重，你可以随意地引用里面的话，甚至将自己的生命交付给它。所以，当你如此直接地引用《圣经》智慧的时候，你所说的话就是真理。'喜爱金钱是万恶之源'，正是因为这样，喜欢金钱只是崇拜的手段，而不是目的，可是如果你没有手段，就没有办法达成目标，简单地说，如果你只知道去做一个守财奴，那么金钱就是万恶之源。"

　　我提醒汉森："想一想年轻人，如果你的手中每多一分钱，你就增加了一份决定自己未来命运的力量，所以去赚钱吧！你不应该让自己偏执的观念，去牢牢地绑住你的手脚，你应该好好利用时间，让自己富裕起来，因为有了钱你就有了力量。纽约充满了致富的机会，你应该赚钱，而且能够赚钱，你要记住，小伙子，虽然你只是这尘世间的一个过客，但是一定要划出一道光亮的人生。"

我不知道汉森最后是否接受了我的规劝，如果没有的话，那么我会感到非常遗憾，他看上去很聪明，而且那么的结实。

我一直都觉得，每个人都应该花些时间，让自己的生活富裕起来。当然，我不能否认有些东西的确比金钱更加有价值。当我们在看到一座落满了秋叶的坟墓时，难免会感觉到一种难以言喻的悲伤，因为我知道，有些东西确实比金钱崇高。尤其是那些曾经遭受过苦难的人，更能够深切地体会到，有些东西比起黄金来，更加甜蜜、尊贵、神圣。可是我们都知道，那些东西没有一样不是用金钱来大幅提升的。金钱虽然不是万能的，但是在我们所处的这个世界，很多事情的确是离不开金钱的。

爱情是上帝给予我们最为伟大的礼物，但是，拥有金钱的情人，能够让你的爱情更加的幸福，金钱就是拥有这样不可思议的力量。

如果有人说出我不需要金钱这种话，那就等于在说，我不想为我的家人、我的朋友服务，这个说法说起来虽然荒谬至极，但是事实上就是这样。

我相信金钱的力量，我觉得人人都应该去努力地赚钱。然而因为宗教对于这种想法，带有一种强烈的偏见，因为很多人认为，作为上帝贫穷的子民，是一种非常无上的荣耀。我曾经听到过有人在祈祷会上祈祷，他十分感恩自己能够成为上帝的贫穷子民，我听到他的话不禁暗暗想道：这个人的太太如果听到他这么说，不知道会作何想法，她肯定会觉得自己嫁错人了。

我不愿意再见到这种上帝的贫穷子民，我相信上帝自己也并不愿意。我可以说，如果那个本来应该很富有的人，却最终因为贫穷而懦弱无能，那么他肯定犯下了非常严重的错误，他不仅仅是对自己不忠诚，也亏待了他的家人！

我并不想用赚钱的多寡，来衡量一个人的人生是否成功。但是我们不能否认的是，你可以用金钱的多寡来衡量一个人对我们这个社会所做出的贡献。你的收入越多，贡献也就越大，一想到我已经让无数的国民走上了富裕的道路，我就觉得我的人生非常伟大。

我相信是上帝而不是撒旦去给他的子民们创造出了钻石。上帝给我们唯一的告诫，就是我们不能在有违上帝的情况下去赚钱，或者是去赚取别的什么东西。那样做的话，我们会有罪恶感。想要赚取金钱，大量的金钱，本身是无可厚非的事情，只要我们采用正当的方法获得，而不是让金钱来牵着我们前行。

很多人之所以没有钱，是因为他们并不了解钱。他们觉得钱又冷又硬，其实钱并不是又冷又硬的东西，它柔软并且温暖。它能够让我们感觉良好，并且在色泽上也能够和我们所穿的衣服相匹配。

我之所以成为今天的我，是依靠我过去的信念所创造出来的：我觉得我应该是个富翁，我没有当穷人的权利。随着时间的不断前进，这个信念变得越发的坚定。

在我很小的时候，正是这种拜金思想神圣化的时期，当时有数以万计的淘金者，怀揣着发财的美梦，从世界各地拼命地涌入到了加利福尼亚。尽管在事后人们发现那场淘金热只是一个圈套，可是这件事却大大地激发了数百万人的发财欲望，其中就包括了我——一个只有十几岁的孩子。

那个时候的我家境窘迫，时常要接受好心人伸出的援手。我的母亲，是一个非常有自尊的人，她希望我能肩负起作为长子的职责，建设好这个家庭。因为母亲的渴望以及教诲，使我养成了一种终身不变的责任感，当时我就立下誓言：我不能成为一个穷人，我要努力地去赚钱，我要用自己赚取的财富改变家人的生活状态。

在我的少年时代，金钱对于我来说，不仅仅是让家人过上富足生活的工具，更能带给我道德上的尊严以及社会地位，这些东西远远比豪华气派的住宅、美丽的服装更能够令我感到激动。

我对于金钱的这种理解，坚定了我想要成为富人的信念，这个信念又给了我更加强烈的斗志去追逐财富。

我的儿子，没有什么事情比为了赚钱而赚钱更加可悲的了，我懂得赚钱的方法，那就是让金钱成为我的奴隶，而不能把自己变成金钱的奴隶，而我，就是这么做的。

爱你的父亲

1906 年 7 月 26 日

（此时老约翰 68 岁，小约翰 33 岁）

第 19 封
就要做第一

你的财富和你的目标成正比。

一个人如果不是在计划成功，就是在计划失败。

对于我来说，第二名和最后一名其实没有什么区别。

亲爱的约翰：

"没有野心的人是不会成就大事的"，这句话是我那位汽车大王朋友——亨利·福特先生，昨天告诉我的成功秘诀。我特别佩服这个来自密歇根的富豪，他是那样的执着而坚毅。他和我拥有着相似的经历，也一样做过农活，做过学徒，和别人一起办过工厂，最后通过自己的奋斗成了今天这个全美国最富有的人之一。

在我看来，福特先生可以称为一个时代的开创者，没有任何一个美国人能够像他一样，完全改变了美国人的生活方式，看看如今大街上来往的车辆，你就知道我并不是在恭维他，他让汽车这种奢侈品，成了今天每个人都能买得起的必需品。而他所创造的奇迹，也将自己变成了亿万富翁，当然，他也让我的钱包鼓了起来。

人活着一定要有野心，一定要有目标，否则他就会像是一条没有了舵的船，永远都那么的漂泊不定，最后只能到达失望、失败的海滩。福特先生的野心，远远超过了他的身高，他想要缔造出一个人人都能享用得起汽车的世界。这看起来是那么的不可思议，但是最终他成功了，他成了全球小汽车市场的主人，并且给福特公司赚取到了惊人的利益，用他自己的话来说："那根本不是在制造什么汽车，那简直就是在印刷钞票。"我可以想象到，腰缠万贯的同时还享有汽车大王的美誉，福特先生会拥有怎样的一种好心情。

福特先生所创造出的成就，证实了我一直坚信的一个人生信条。那就是人的财富和目标是成正比的。如果你抱有大志向，目标高远，那么你的财富终将冲破云层，而如果你只是想要得过且过，那么你最后只能成为一事无成的人。即便是财富就在你的身边，你也只能获取到极小的一部分。在福特成功之前，有很多的汽车生产商都比他实力强大，但他们当中破产的人也非常多。

人在被创造出来之后，只有两个目的，一个人不是在计划自己的成功，就是在计划失败，这就是我一生的心得。

我从来都不缺少野心，在我很小的时候，我就立志成为最为富有的人，对于当时的一个穷小子来说，这个想法其实有些过大。但是我就是认为目标一定要伟大才对，因为想要获得成就，就一定要刺激自己，伟大的目标能够支撑你发挥全部的力量。失去了这种刺激，也就等于没有了强大力量推动着你前进。不要去做什么小计划，因为它们并不能激励心灵，我时常这样提醒自己。

当然，成就那样伟大梦想的机会，并不会像尼加拉瓜瀑布那样倾泻而下，而是要靠时间慢慢地一点点累积。所谓伟大与接近伟大之间的差别，就是如果你想要变得伟大，你就必须每天朝着这个目标努力。

但是，对于一个穷小子来说，怎么样才能把这个伟大的梦想变成现实呢？难道就依靠每天努力地去为别人工作来实现它吗？这显然是个非常愚蠢的想法。

我相信能够依靠自己勤劳致富，但是我不相信去给别人工作一定能成功，在我住进百万富翁大街之前，我就发现，在我的身边，有很多的穷人都是在工作当中非常努力的人。可是现实就是这样的残酷，不管雇员有多么努力，帮老板工作最后变得富有的人少之又少。替老板工作获得的薪水，只能在合理的预期当中让雇员存活下去，尽管雇员很有可能赚取不少钱，但是想要变得富有却是很难的事情。

我一直将努力工作一定会致富当成一句谎言，从不把帮助别人工作当成累积可观财富的上策，反之，我非常相信去给自己工作才能富有。我所做的一切事情都忠诚于我的梦想，以及为了实现这个梦想而不断努力达成目标。

在我离开学校，四处寻找工作的时候，我就给自己设定了一个目标，那就是一定要到一流的公司当中去，一定要成为一个一流的职员。因为只有一流的公司才能给我一流的历练，塑造出我一流的工作能力，让我的见识变得一流，同时让我积累到一笔可观的薪水，那将是我未来开创事业的资本，而这一切终将成为通往成功道路上最为坚实的基石。

当然，在那些一流的公司做事，能够让我用一种大公司的方式去思考问题，这是非常重要的一点，所以，我想要去那些高知名度的企业。

　　当然，这让我吃了一些苦头，我先是到了一家银行，非常不走运的是，我被拒绝了；随后我去了一家铁路公司，最后仍然没有被录取，似乎连当时的天气都跟我作对，非常酷热。但是我没有被这些困难所打倒，继续去寻找工作。那段时间，寻找工作成了唯一的职业，我每天早晨八点，尽自己最大的努力将自己打扮一下，就离开自己的住所开始了新一轮的预约面试。就这样，一连几个星期之后，我将自己名单当中的公司跑了一圈，最后依然没有收获。

　　这看起来其实并没有那么糟糕不是吗？但是没有人能够阻止我前进的脚步，阻碍自己前进的原因就是你自己，你才是唯一能够决定自己能做下去的人。我告诫自己，如果你不想让别人去偷走你的梦想，那你就一定要在被挫折击倒之后马上站起来。我并没有感到沮丧，甚至连番的挫折反而更加坚定了我的决心。然后我毅然而然地从头开始，一家一家地去跑，甚至有几家公司我跑了两三次。

　　最终，上帝没有抛弃我，这场不屈不挠的战役，在我 6 个星期的坚持下，终于在 1855 年 9 月 26 日的下午结束了，我被休伊特－塔特尔公司雇用。

　　这天似乎决定了我未来的一切，直到今天，每当我问自己，如果当时的我没有得到那份工作的话会怎么样呢？我常常会感觉到后怕，因为只有我自己才知道，那份工作都带给我什么，失去它又会怎么样。所以，我这一生都把 9 月 26 日当作是一个"重生日"来庆祝，对这一天我所抱有的情感远远大于我的生日。

　　写到这里的时候，我都被自己所感动了。

　　人生就像是一部脚踏车，除非你向上向前不停地向着目标前进，不然的话你就会摇晃跌倒。3 年之后，我带着这种超越常人的能力以及自信，离开了休伊特－塔特尔公司，同我后来的朋友克拉克先生合伙创办克拉克－洛克菲勒公司，开创了为自己工作的历史。

　　那些工作，可能在百般辛苦当中，仍旧是没有收获，但是，如果你将帮老板努力地工作，当成自己未来进步的阶梯，那么无疑就是创造财富的开始。给自己当老板真是太棒了，简直没有办法表达。当然，我并不能总是把自己沉浸在自己 18 岁就跻身贸易代理行业当中感到得意。我时常告诫自己："你的前程就在于这一天天过去的日子，你人生的终点将是全美首富，你目前距离那里还很远很远，你要继续地为自己努力。"

做一个最为富有的人，是我努力的原因以及鞭策自己前进的动力。在过去的几十年当中，我一直都是追求卓越的人，我常常激励自己的一句话：对于我来说，第二名跟最后一名其实没有什么两样。只要你能够理解它，你就会知道，我以王者的身份统治了整个石油工业也没有什么值得奇怪的。

我们每个人都生活在自己的希望当中，但是我更多的生活是在目标不断达成之中。我的人生信条就是一定要成为第一，我所付出所有的努力以及行动，都忠于自己的人生目标、人生的规则。

上帝赋予了我们强健的肌肉和聪明的大脑，并不是要让我们成为一个失败者，而是让我们成为一个伟大的赢家。可是 20 年后的今天，联邦法院解散了当时我们那个十分快乐的大家庭，每每想到当时我们所创造的那些成就，我就十分地兴奋。

所谓伟大的人生就是不断征服卓越的过程，我们必须不断地向这个目标前进，不畏痛苦，不怕艰难，准备随时在漫长的道路上摔倒。

爱你的父亲

1931 年 3 月 15 日

（此时老约翰 93 岁，小约翰 58 岁）

第 20 封
冒险才能利用机会

　　风险越高的事情，收益就越高。

　　你所拥有的东西越多，力量就越大。

　　想要获胜就必须要了解到冒险的价值，而且一定要有自己创造运气的远见。

亲爱的约翰：

明天，也许不需要等到明天，就会有个人能过上富人的生活了。报纸上说这个人叫大卫·莫里斯，他和美国独立战争时期的财政总监、来自费城的商业王子罗伯特·莫里斯先生一个姓氏，他刚刚在赌场上赢了一大笔钱，并且他声称自己是个赌场高手，同时还说出了一句人生格言：只有好奇才能发现机会，要去冒险才能利用机会。

你知道的，我对于好赌成性的人一向没什么好感，但是这位先生却让我刮目相看，我有理由相信，以这位先生接近哲学家般的头脑和智慧，如果他肯投身商界的话，或许他也能成为一个职业上的成功者，一个特别优秀的赌徒。

我这么欣赏他，并不是在说只要成为优秀的赌徒就可以成为优秀的商人，事实上，我非常讨厌那些把商场当作赌场的人，但是我从来不拒绝人有冒险精神，因为我知道一个法则：风险越高，收益越大。然而想要驰骋商海，对每一个人来说，其实都是生活给予他们的一场冒险的旅程。

我人生的轨迹其实就是一场丰富的冒险之旅，如果一定要让我说出哪场冒险是最能关乎我未来的，那就莫过于我投身于石油行业了。

在投身于石油行业之前，我在我的老本行——农产品代销行业正做得有声有色，相信如果做下去的话，我完全能够成为一个大中间商，但是这一切，都因为安德鲁斯先生而改变了。他是一位照明方面的专家，他跟我说："约翰，煤油在燃烧的时候所发出的光亮，比任何一种照明油都要亮，它势必将会取代其他的照明油，约翰，你想想吧，如果我们双脚能够踩进去，那将是多么大的一个市场，那又会是怎样的一种场景。"

我所拥有的东西越多，力量也就越大。如果机会摆在我的面前而我不会珍惜，那么我丧失的不仅仅是金钱，而是不断地削弱自己在致富竞技场上的力量。我同安德鲁斯先生说："我干。"于是我们投资了4000美元，这对于当时的我们来说可是一笔非常大的财富，我们用这笔钱做起了炼油生意。钱一开始投下去，我就没有再去考虑失败的事情，尽管当时石油行业在造就百万富翁的同时，也造就了很多负债累累的穷光蛋。

我一头扎进了炼油行业，经过一年的苦心经营，炼油给我们带来了远超农产品的利润，成了公司第一大的生意。就在那一刻，我深刻地认识到，是胆量和冒险精神帮我开通了一条新的生财渠道。

没有哪个行业能够像石油这样，让人一夜暴富，这样远大的前景深深地刺激了我赚大钱的欲望，更是让我看到了自己大展拳脚的机会。我告诫自己说："你一定要紧紧地抓牢这个机会，它能够将你带到自己梦想的远方。"

但是随后我一系列大举扩张石油业的战略，让我的合伙人克拉克先生非常气愤。克拉克先生是一个自负、软弱，同时缺乏胆略的人，他主张采用比较谨慎的策略，他极度害怕失败，这和我的观念完全冲突。在我的观念中，金钱就像是粪便一样，如果你将它散播出去，就能够做成很多很多的事情，但是如果你将它收藏起来，就会变得臭不可闻。显然，克拉克先生不是一个好的商人，他不知道金钱的真正价值在哪。

当我们对于重要的事情漠然相对的时候，我们的人生就开始无路可走，在克拉克先生已经成了我前进道路上障碍的时候，我只能踢开他。这是一个非常重要的决定。

想要获胜，就一定要知道冒险的价值。而且自己必须要有创造运气的远见，对于我来说，和克拉克先生的分开显然是一场冒险。在我决定赌上一切大举进军石油行业之前，我确信石油并不会消失，因为在那个时候，很多人都将石油当作昙花一现的产物，觉得难以持久。我当然希望石油永远不会枯竭，如果没有了油源，我的投资将变得一文不值，我的下场可能连赌场上的赌徒都不如。但所幸我收到的那些消息让我乐观，油源并不会消失，所以是到了分开的时候了。

在向克拉克先生坦白之前，我先是私下将安德鲁斯先生拉到了身边，我同他说："我们就要交好运了，有一大笔钱正在等着我们去赚，那是很大的一笔钱啊。我马上就要终止和克拉克兄弟的合作，如果我能够买下他的股份，你愿意和我一起冒险吗？"显然，安德鲁斯先生并没有让我失望。就在几天之后，我又拉到了几家肯支持我的银行。

就在那年的 2 月，在我经过了一系列的准备之后，我正式和克拉克提出了分开发展的建议，尽管他十分不乐意，但是我已经决定了。最后，我们大家商量将公司拍卖给了一位出价最高的买主。

直到今天我还记得那天拍卖的场景。我是那样的激动，就像是在赌场上赌博一样，令人惊心动魄。那就像是一场豪赌，我押上去的是金钱，而我赌出来的，却是人生。

公司从 500 美元开始起拍，但是很快就攀升到了几千美元，随后又慢慢地爬升到了 50000 美元。实际上，这个价格已经远远超过了我对炼油厂的预估计值，但是随着竞拍的进行，价格一直不停地上涨，60000 美元、70000 美元，这个时候我开始恐惧了，我不知道自己能不能买下这个公司，一个由我亲手缔造出来的企业，是不是出得起那么多钱。但是我很快平静了下来，我告诉自己："不要畏惧，既然已经下定了决心，就一定要勇往直前。"当竞价对手报价 72000 美元的时候，我大声地报出了 72500 美元的价格。这个时候克拉克先生站起来喊道："我不再加价了，约翰，它归你了！"

亲爱的约翰，那是决定我一生的时刻，我感受到了这非同寻常的意义。

当然，我为此给克拉克先生付出了高额的费用，我将代理公司一半的股份和 72500 美元都给了克拉克。但是我却赢得了更加光辉的未来。我成了自己的主人，我不会再担心那些目光短浅的人阻挡我前进的道路了。

在我 21 岁的时候，我拥有了克利夫兰最大的炼油厂，已经跻身于世界最大炼油商之列，在今天看来，这个当时能够每天吃掉五百桶原油的家伙，无异于我日后走向石油行业王座的一把利刃。我要感谢那场竞拍，它是美好人生的转折点。

能够确定的是，安全并不能让我们致富，想要赚取大量的钱，就一定要学会承受随之而来的风险，而人生又何尝不是如此？

我并没有维持现状，事情很简单，不进则退。我相信，谨慎并不是什么完美的成功之路，不管我们要做什么，甚至是我们的人生，都必须要时常在冒险和谨慎之间做出选择，而有些时候，靠冒险获胜的机会，显然比谨慎要大得多。

商人们都是利益的追逐者，需要靠创造资源来获取别人手中的资源，甚至是逼迫他人让出资源而使自己变得富有。所以，冒险，是商人在战场上不可或缺的手段。

如果你想要知道既要冒险又不会失败的技巧的话，那么你只需要记住一句话：大胆筹划，小心实施。

爱你的父亲

1936 年 11 月 2 日

（此时老约翰 88 岁，小约翰 53 岁）

第 21 封

侮辱是一种动力

侮辱，是测量每个人能力的标尺。

永远不要让自己的偏见，妨碍到自己的成功。

你要始终相信自己，并且和自己和谐一致，你就是自己最忠实的伴侣。

亲爱的约翰：

　　你和摩根先生谈判的表现，让我和你的母亲觉得很惊喜，我们没有想到的是，你竟然有勇气和华尔街那个盛气凌人的钱袋子对抗，并且应对得那样沉稳、不失教养，并且控制住了你的对手。感谢上帝，能够让我拥有一个像你这样出色的孩子。

　　在给我的信中你说道，摩根先生对你非常粗鲁无礼，看起来是有意地想要侮辱你，我想的确如此。事实上，他其实想要侮辱的人是我，而你，是代我受辱的。

　　你知道，这次摩根提出了要和我结盟，但是又担心我会对他造成威胁，我相信他对这个合作并不是那么情愿。因为他知道我跟他就像是跑在两条路上的马车，彼此之间都不喜欢对方，我一看到他那副趾高气扬的样子，就感觉到恶心，我想他看到我肯定也是这样的想法。

　　但是摩根是一位商业上的奇才，他知道我没有将华尔街放在眼中，而且并不惧怕他对我的威胁，所以他要实现他的野心就要统治美国的钢铁行业，就一定要和我合作，否则，等待他的就会是一场你死我活的争斗。

　　每个善于思考以及善于行动的人都要知道，一定要抛开自己的傲慢和偏见。你要知道，永远都不要让自己的傲慢和偏见妨碍自己的成功，而摩根先生就是这样的人。所以尽管摩根先生不想和我打交道，但是依然还是问我能不能在标准石油公司的总裁办公室和他见面。

　　在一场谈判当中，坚持到最后的人才是胜利者，所以我和摩根先生说："我已经退休了，如果您愿意的话，我非常乐意在家中恭候您的大驾。"然后他真的来了，这对于他来说显然不那么体面，但是他想不到的是，当他和我谈到合作的事情时，我跟他说："对不起，摩根先生，我退休了，我觉得我的儿子会非常乐意和您谈那笔交易。"

　　相信只要他不傻就能知道，我这样做是在蔑视他，但是他还是克制住了，他跟我说希望你能够到他华尔街的办公室去谈，我答应了他的提议。

对别人的报复，就是攻击自己。摩根先生显然不是太懂这个道理，结果本想将自己的怒火发泄出来，反而被你控制住了。但是不管怎么说吧，尽管摩根先生对于我公然的侮辱感到气愤，但是却依然能够将自己的目光放在自己要达成的目标上，这一点我是十分欣赏的。

我的儿子，我们生长在一个追求尊严的社会当中，我深切地知道，对于一个热爱尊严的人来说，蒙受侮辱是一种什么感觉。但是很多时候，不管你是谁，即便你是美利坚合众国的总统，都没有办法阻止别人的侮辱。

那我们要怎么做呢？是在盛怒当中反击，捍卫我们的尊严，还是争取宽大相待，大而化小呢？或者是采用什么其他的方式来回应？

你或许还记得，我有一张珍藏了多年的中学同学合照，那张照片里面没有我，有的只是那些出身富裕家庭的孩子，如今几十年过去了，我依然珍藏着它，更珍藏了当时拍摄那张照片的情景。

那是在一天下午，当时的天气很不错，老师跟我们讲有一位摄影师要来学校拍摄学生上课的情景。我是照过相的，但是非常少，对于一个出身穷苦的孩子来说，照相显然是一件奢侈的事情。摄影师一出现，我就想着要被照进镜头中的场景，要微笑，要自然，我看起来很帅，甚至开始想象我回家高兴地告诉母亲："妈妈，我照相了，是一位专业的摄影师拍的，拍得棒极了！"

我用自己异常兴奋的双眼，看着那个弯腰取景的摄影师，我希望他能够早一点把我拉进相机里。但是显然我失望了，那个摄影师看起来像是个唯美主义者，他站直身子用手指着我，对老师说道："你能够让那个学生离开自己的座位吗？他的穿戴实在显得太寒酸了。"我没有能力抗争，只能默默地站起身，看着那些穿戴整齐的富家子弟制造的美景。

在那一瞬间，我觉得自己的脸在发烧，但是我并没有生气，也没有觉得自己可怜，更没有怨恨我的父母为什么没让我穿得体面一些。事实上，他们为了能够让我受到良好的教育，已经费尽心力了。看着那个摄影师调动下的场景，我在心中紧握着双拳，向自己发誓：总有一天我要成为世界上最富有的人，让摄影师照相算什么，让这个世界上最著名的画家来给自己画像，才是最值得骄傲的事情！

我的儿子，那个时候我发下的誓言，在今天已经成为现实，在我的心中，侮辱这个词的意义已经发生了变化，它不再是那把剥掉我尊严的利刃，而是一股让我发奋的动力，催动我前进，催动我去追寻这个世界的美好。如果说是当时那个摄像师把一个穷孩子激励成为一个全世界最富有的人，似乎也没什么说不通的。

每个人都有享受掌声和认可的时候，或许他们在肯定我们的成就，或许他们在肯定我们的品德；每个人也有遭受攻击和侮辱的时候，除去这中间的恶意，我想我们之所以遭受到这样的侮辱，是因为我们还不够强大，这种能力可能和做人有关，或者是和做事有关，总之没有办法获得别人的尊重。我想说的是，遭受侮辱也许并不是什么坏事，如果你能够冷静下来反思的话，或许就会知道，侮辱是测量能力的一把标尺，我就是这样做的。

我知道不管多么轻微的侮辱都有可能伤及尊严，但是尊严并不是与生俱来的，也不是别人给予的，而是要靠自己去缔造。尊严是属于自己的精神用品，你觉得自己有尊严的话，那么你就有尊严。所以如果有人伤害到了你的感情、你的尊严，你千万不要动怒。只要你不死守自己的尊严，就没有什么事情能够伤害到你。

我的儿子，你和自己的关系才是所有关系的开始，当你开始学会相信自己，并且能够达成一种微妙的和谐，你将成为自己最为忠诚的伴侣，也只有这样你才能够做到宠辱不惊。

爱你的父亲

1901 年 2 月 27 日

（此时老约翰 63 岁，小约翰 28 岁）

第 22 封
用实力让对手恐惧

越是觉得自己行，就会变得越加高明。

当涉及金钱的时候，永远不要先提金额。

在做生意的时候，你不能自己一个人把钱赚光，要想着留一点钱给别人去赚。

亲爱的约翰：

今天晚上我见到了调解人亨利·弗里克先生，我和他说："就像是我儿子和摩根先生谈的那样，我并不着急将自己的矿业公司卖掉，像你所想的那样，我也不会阻止建立任何有价值的企业。但是我坚决反对买家采用一种居高临下的态度，定下一个想要将我们排斥在外的价格，那样的话，我宁愿血拼到底也不会去做这样的生意。"我让弗里克先生告诉摩根先生，他这样想是错的。

约翰，看来你还需要继续和摩根先生打交道，尽管你讨厌这个男人。所以我希望能够给你一些建议，让那个高傲的家伙知道我行我素的后果是什么。

儿子，很多人都会犯些相似的错误，他们不知道自己到底是做什么的。事实上，你不管从事什么行业，都需要和人打交道。谈判也是这样，和你谈的不是那个生意，而是人！

所以，真正地了解你的对手、了解你自己，是你在这场战争当中能够获胜的前提。你要知道的是，准备是这场游戏的一部分，你一定要做到知己知彼，如果你想要获得实质性的优势，你就必须要知道：

一、整体的市场环境：市场环境怎样，前景如何。

二、你所拥有的资源：你的优点和缺点在哪里，你拥有哪些资本。

三、对手拥有的资源：对手的优点和缺点在哪里，资产状况怎么样。在任何的竞争当中，了解对手的优势都是非常重要的因素。

四、你的目标和自己的态度：太阳神阿波罗有一句座右铭——人贵自知。你要知道你自己到底要做什么，有什么样的目标，实现这个目标有多么的坚决，觉得自己是个赢家还是怀疑自己，在精神以及态度上有什么样的优点和缺点。约翰，你要记住这句话：越是觉得自己可以，你就会变得越来越强大，只有积极的心态才能够获得成功。

五、对手的目标以及态度：你要尽量地去判断出对手的目标，同样重要的是，你要想方设法地去深入对手的内心，了解他内心的想法以及感受。

不可否认的是，最后这条是最为难以实现和利用的，但是你一定要努力地去实现。那些非常伟大的军事将领，通常都会有一个习惯，他们总是尽全力去了解自己对手的性格以及习惯，以此来判断对手可能会做出的决定。在所有的竞争活动当中，能够了解竞争对手总是非常有效的事情，因为这样的话，你就能够预测对方的动向。主动、预期性的措施总是要比被动来得有效得多，俗话说，预防强于治疗就是这个道理。

有些时候，你熟知的人可能会成为你的对手，那么你就要学会利用这个优势。如果你知道他是一个很谨慎的人，那么你就要小心一点；如果你觉得他平时总是很冲动的话，那么你就要开始大刀阔斧地去干了，不然你很有可能被他逼上绝路。

但是你不一定要和对手熟悉才能了解他们，只要能够把握细节，在谈判桌上你就能够发现很多有价值的东西。善于谈判的人要学会观察，你不需要等到谈判开始了，才去了解对手。

我们所说的话，很有可能透露出自己内心的想法，但是我们的选择几乎一定会泄露我们内心的秘密，每个人所做出的第一个选择，往往就是开始泄露自己的秘密。所以在谈判当中，你必须要了解自己在说什么。如果你想真正地掌控一切，首先就要学会掌控自己的语言，给自己带来好处。

同样，你还要随时保持着警惕，以便能够随时接收对手发出来的信息。只有这样，你才能够掌控竞争当中的优势，如果不能做到这一点，你很可能丧失掉这次机会。你要知道，在一场激烈的谈判当中失败，就决定着你下次赢取谈判的机会将非常低。

你要知道，做交易的秘诀，就是你清楚哪些能交易，哪些不能交易。摩根先生把我们当成角落里的残渣，想要清扫出局，但是我们一定要留在地上，这一点是不能谈判的。同时，他一定要给出一个让我们满意的价钱。但是你要知道的是，你不要想着把所有的钱都赚了，要留一些给别人去赚。

约翰，有一点你是要知道的，其实我是愿意做这个交易的，因为我觉得这笔交易对于我们来说，是很有利的。但是你千万不要被这个观点所局限住。

有太多所谓的聪明人，觉得他们的目的不是交易，而是想要去捡便宜，希望能够用一个相对较低的价格买到自己想要的东西。比如摩根先生这次给出的价格，比市场价格要低 100 多万。如果他这么做生意的话，那么我相信最终他会失去登顶美国钢铁行业霸主地位的机会。所谓交易的真谛，就是交换价值，用别人想要的东西来交换你自己想要的东西。

想要完成一笔交易，最好的办法，就是要强调它的价值，然而很多人却错误地强调价格。他们常常会说："这个已经很便宜了，你再也找不到这么低价格的东西了。"没错，没有什么人愿意出高价，但是在便宜之外，人们更希望看到的，却是最高的价值。

约翰，在你和摩根先生的谈判当中，每当涉及金钱，你都不要提金额，而是去强调提供给他宝贵的价值，强调他会从你这里得到什么。

我一直相信，人经过努力是能够改变世界的。祝你好运！

爱你的父亲

1901 年 2 月 27 日

（此时老约翰 63 岁，小约翰 28 岁）

第 23 封
要有合作精神

你怎么对待别人，别人就怎么对待你。

建立在生意上的友谊远远比建立在友谊上的生意要强。

往上攀爬的时候，要学会对别人好一点，因为你下坡的时候，还会碰到他们。

亲爱的约翰：

你和摩根先生终于还是握手了，这将是美国经济史上最为伟大的一次握手，我相信后人们一定能够记住这个伟大的时刻。就像《华尔街日报》说的那样，它标志着"一艘由华尔街大亨和石油大亨共同打造的超级战舰已经起航，它将势不可当，永不沉没"。

约翰，你知道吗？这就是我所说的合作的力量。

合作对于那些妄自尊大的人来说，只是一件非常软弱的事情，但是在我看来，合作却是再聪明不过的选择了，当然，前提是要对我有利。现在，我很想告诉你这件事情。

如果说不是上帝造就了我现在的成就，那么我很愿意将我的成功归功于三个因素：第一，就是按规矩行事，它能够让企业持续地经营下去；第二，则是市场残酷的竞争，因为每次竞争都能够让我更加完美；第三，则是合作，它能够让我在合作当中取得利益。

而我之所以能够在竞争者之中脱颖而出，就在于我擅长走捷径，那就是与人合作。在我人生每个重要的转折点，你都能看到合作的例子。因为自从我踏上社会那天开始，我就知道，不管在任何时候，任何地方，都存在着竞争的关系，谁都不能孤军奋战，除非他想自寻死路，聪明的人能够和别人甚至是自己的竞争对手形成合作关系，借用别人的力量让自己存在下去或强大起来。

我们不妨做个很可能会成为现实的假设，如果我们没有和摩根先生合作，我们双方很有可能会落得一个两败俱伤的局面，而我们的对手卡耐基先生则会从中渔利，让他自己在钢铁行业中始终一枝独秀。但是现在则不然，卡耐基先生一定非常后悔，试想，谁能够在对手蚕食自己领地的时候还能无动于衷呢？除非他当自己是个死人。

合作能够让对手出局或者压制对方，以此达到让自己向目标阔步迈进的目的，从另一个角度来说，合作并不见得是追求胜利。但是这个世上有太多的人不了解其中的奥秘。

但你要知道，合作并不是什么友谊，合作的目的不是要去捞取到感情，而是利益。我们要知道的是，成功要依靠别人的支持与合作，我们的理想和现实之间有着一道巨大的鸿沟，如果你想要跨越这道鸿沟的话，就要依靠别人的合作和支持。

当然，我从来不会拒绝同生意伙伴产生友谊，我坚信建立在生意上的友谊，远远比建立在友谊上的生意牢靠得多。就好像我和亨利·弗拉格勒先生的合作。亨利是我永远的知己，最好的助手；我与他的结盟，所得到的不仅仅是投资，更多的则是智慧和心灵上的支持。亨利先生和我是一样的人，他从来都不会自满，并且一直雄心勃勃，同样想要成为石油行业的主人，这是他的梦想。直到今天我还记得我们刚刚开始合作时候的场景，那个时候，每天除了吃饭和睡觉，我们上班下班都在一起，我们一同思考，一同制订计划，并且相互激励，彼此坚定决心。就在那段时间，让我们像欢度蜜月那么愉悦。

时至今日，几十年的时间过去了，我们还是像亲兄弟那样，这份感情是多少钱都买不来的，当然，这也是我让你叫他亨利叔叔，而不是叫他亨利先生的原因。

我从来都不会用金钱去购买友谊，因为友谊是不能用金钱衡量的。友谊是靠真情来支持的，我和亨利从来都不会后悔当时的合作，以及我们之间永远的友谊，不仅仅是因为我们有相同的追求，更重要的是，我们都是严格要求自己的人，我们都知道，你怎么对待别人，别人就会怎么对待你，以及现在就开始做的价值。

"己所不欲，勿施于人"，既是我的行为准则，同时也是我对合作所持有的态度。所以我从来都不会因为我财雄势大而去欺压我的对手。不然我很有可能会毁掉这个合作，从而无法达到目标。

当然，在我的职业生涯当中，也不乏遇到一些傲慢的人，我总是忍不住要去羞辱他们一番，就好像是我曾经教训过的纽约中央铁路的老板范德比尔特先生。

范德比尔特先生是贵族出身，享有将军的头衔，曾经在南北战争当中立过战功。但是他将自己在战场上的荣誉当作了自己不可一世的资本，并且自恃自己把握着运输的大权，就将我当成一个打短工的。

曾经有一次，亨利想要和他谈运输的事情，可是谁知道这个家伙竟然说:"年轻人,你的军衔似乎并不允许你直接和我谈话吧!"亨利从来没有遭受过这种侮辱,但是因为自身良好的教养,让他没有当场失态,可是当他回到自己的办公室的时候,他的笔筒却被他摔了个粉身碎骨。

我看到这样急忙安慰他:"亨利,忘了那个狗崽子说了什么吧,我一定会帮你讨回尊严的。"后来范德比尔特先生着急要和我谈一笔生意,请我到他那里去谈,我派人去和他说:"想要和我谈可以,但是你一定要到我的办公室来谈。"最后这个习惯了别人看自己脸色的将军,只好屈尊来我的办公室见我这个比他小了四十多岁的年轻人,同时还要屈从于两个人提出的苛刻的条件。我想在那一刻,范德比尔特先生一定知道了这个道理:向上攀爬的时候要对别人好一点,因为下坡的时候你还会碰到他们。

我讨厌用粗暴的态度来对待任何人,更知道一个耐心温和的上司对同事和下属的意义。

我知道有时候用钱能够买到人才,可是怎么样都买不到人心,但是如果在付钱的同时,还加上一份尊重的话,我能够让他们更加衷心地为我服务,这也正是我建立起如此高效团队的成功原因。

可是我并不希望你因为这样就产生错误的判断,觉得能合作就是好人。不是这样的,合作并不是做好人的问题,而是利益的问题。没有什么同盟能够一直持久,合作只是一种我们获取利益的手段。一旦环境发生变化,那么战术将会随着改变,不然的话你就输了。现实是非常残酷的,而想要成功,你就要更加残酷,但是,前提是做一个好人。

约翰,竞争是生命的本质,它能够激动人心,但是当竞争演变成为冲突的时候,往往就具备了毁灭性和破坏性,这个时候合作就可以化解它们。

爱你的父亲

1901 年 5 月 16 日

(此时老约翰 63 岁,小约翰 28 岁)

第 24 封

不甘示弱才会赢

成就的大小取决于思想的大小。

态度是我们最好的伙伴，同时也是我们最大的敌人。

在通往成功的道路上，长满了黄金，可是这条道路却是一条单行道。

亲爱的约翰:

　　沉醉在一片真挚的爱戴当中，是一件非常美妙的事情。今天芝加哥大学的学生，让我体会到了这种妙不可言的感觉，那么我先姑且将其当作对我创建这个学校的回报吧，不过这的确让我觉得非常开心。

　　平心而论，在我想要投资创办这所大学之前，我从来没有奢望过在那里受到这样的待遇，我一开始只是想将那些最为优秀的文化带给他们。给我们的青年成就一个美好的未来，以及这些未来会造就我们的青年做一些什么，可是今天看来，我的目的显然已经达成了，这将是我一生当中最为明智的投资。

　　芝加哥大学的年轻人都非常可爱，他们对未来充满美好的憧憬，都有想要成就一番事业的希望，甚至他们当中有几个稚气未脱的男生对我说，我是他们的榜样，并且希望我能够给他们一些建议。我接受了他们的请求，所以我忠告那些未来的洛克菲勒:

　　所谓的成功，并不是以人的身高、体重、学历或者是他的家庭环境来衡量的，而是由他们思想的大小来决定，我们思想的高低决定了我们未来成就的大小，其中最为重要的一点，就是我们一定要对自己充满信心，千万不要自贬，不要廉价地出售自己。因为你们远比自己想的还要伟大，所以你们一定不能看轻自己。

　　这段话收获了很多掌声，我显然已经被掌声迷晕了，我并没有管住自己的舌头，继续说道:

　　几千年以来，有很多的哲学家都说过:要学会认识自己。但是很多听过的人都只是认识到了自己消极的一面。大部分人都看到了自己的缺点和无能，这点其实很好，能够以此来不断地改进。但是如果人们只看到自己消极一面的话，就会陷入混乱当中，让自己失去了本该应有的价值!

　　然而对于那些渴望获得尊重的人来说，现实却是很残酷的，因为他觉得别人的看法和自己对自己的看法相同，从而我们会受到那种我们自以为是的待遇。那些自己觉得比别人差的人，不管自己的实际能力怎样，最终一定会成为比别人差的人，这是因为思想本身能够控制行动的原因。

如果一个人自己都觉得自己不行，那么他的行动就会真的变得不行。并且这种感觉是不能隐瞒的，那些自认为自己不重要的人，最后一定会真的成为不重要的人。

在另一方面来说，那些觉得自己天生具备承担重大责任能力的人，随着时间的推进，最后真的会变成很重要的人物。所以如果你想成为重要的人的话，就一定要建立起我很重要的信心，并且一定要真正这样觉得，别人才会跟着这样想。

每个人都没有办法逃脱这样一个推理的原则：你的思想最终会决定你的行动，而你怎么行动最终将决定别人对你的看法。就像是他们自己的成功计划一样，想要获取别人的尊重其实非常简单。为了得到别人的尊重，你一定要先相信自己真的值得尊重，而且你越尊重自己，别人就会越尊重你。

你们不妨想一想，你会不会去尊重那些在街道上随处游荡的人呢？当然不会。为什么呢？因为那些流浪汉们根本没有看重自己，他们只会随着自己自卑心理的加重而越发地堕落。

一个人的自我观念，就是他自己人格的核心，他觉得自己是什么样的人，就会慢慢变成什么样的人。

每个人，不管他身处何地，不管他是声名显赫还是默默无名，不管他是野蛮还是文明，也不管他年幼还是年长，都有成为重要人物的强烈欲望。你仔细地想一想，你身边的每个人，你的老师、你的同学、你的邻居、你的朋友甚至你自己，有没有想要成为重要人物的心理。全部都有，这种需求是人类最为原始、最为强烈的目标。

很多人本可以实现这个目标的，但是最终却没有实现，这在我看来，完全是因为态度使然。态度是我们每个人思想和精神世界的物质化，它决定着我们如何选择，如何行动。从这个说法上来看，态度是我们最好的朋友，同时也是我们最大的敌人。

我不能否认，我控制不了风的方向，但是我可以随时调整风帆，也就是选择我们的态度。一旦你选择看中自己，那些我是个没用的人的想法，就会变得不值一提。取而代之的，则是一种心灵上的涅槃，一种思维和行动方式的改变以及信心的增强，用"我可以"的心态来面对一切。

年轻人们，如果你们当中有谁欺骗过自己，那么就赶快停止吧，因为那些觉得自己不重要的人，最终都会变成自暴自弃的普通人。所以在任何时候都不要贬低自己，一定要找出自己的优点，并且在分析自己优点的时候，不要太客气。

你们要看中自己的长处，并且告诉自己，我其实比我想象的要好得多。一定要有远见，要学会看到未来的发展，而不是将眼光局限在眼前，对自己要有远大的期望。一定要随时记住这个想法："重要的人物们会不会这样做呢？"这样你就会向着成功的道路上不停前进了。

年轻人们，通向成功的道路当中长满了黄金，然而这条道路却是一条单行道。所以在现在，我们要保持一种乐观的态度。这种乐观常常被哲学家称为"希望"。我来告诉你们，其实，这是对乐观的一种错误理解，所谓的乐观其实是一种信念，那就是相信生活当中是充满欢乐的，相信即便现在不尽如人意的事情一直发生，好事也终将到来。

约翰，你知道吗？在我短短十几分钟的演讲当中，我竟然获得了多达八次的掌声。可遗憾的是，过于频繁的掌声却干扰了我的思路，有一个很重要的想法，让掌声赶跑了，那就是要有思考能力，它会帮助他们提高自己行动的水准，让他们变得更加有作为，但是我还是很高兴的，我的舌头居然能够有这么大的魅力。

爱你的父亲

1897 年 7 月 19 日

（此时老约翰 59 岁，小约翰 24 岁）

第 25 封
让每一分钱都带来效益

每一分钱都要花得物有所值。

如果没有考虑好最后一步，就先不要迈出第一步。

创造力、自发的精神以及信念，能够把不可能变成可能。

亲爱的约翰：

很遗憾的是，查尔斯先生永远地离开了我们，这让我觉得非常难过。作为上帝忠实的子民，查尔斯先生是一个非常善良的人，他富有且乐善好施，不断地用自己辛勤赚到的钱，去帮助那些正处于贫困噩梦中的同胞。我相信上帝一定会在天堂微笑着迎接他，因为他的仁爱以及无私。

能同那些真挚的灵魂相伴，是一种天赐的福气。我自己能够有像查尔斯先生这样的合伙人，是我一生最大的荣幸。当然，查尔斯先生的性格非常谨慎，这也导致了我和他有不少的矛盾，但是这丝毫不能减少我对他的尊敬，你要知道，失去了对高尚人格的尊重，就是剥夺了自己做人的尊严。

在那个时候，公司的最高管理层有一个共同吃午餐的习惯，每次吃饭的时候，尽管我才是公司名义上的第一人，但是我总是将象征公司核心的位置留给他，代表我对他正直人品的一种尊重。虽然这并没有什么值得说道的，高尚的道德本来就应该受到尊重，但是对于一个整体来说，虽然这仅仅是一个很小的细节，但是这个细节能够影响到整个公司，甚至影响到公司的成绩。

你要知道，标准石油公司的合伙人，其实都是一群正直的人，我们都知道彼此要尊重、要信任、要团结，这些对于合作来说是那样的重要，我们努力地将梦想变成现实。所以即便是我们之间出现了什么分歧，我们都会就事论事地直言不讳，从来不会有什么钩心斗角、搬弄是非的事情出现，我相信，在这种纯净的氛围当中，即便是有什么心术不正的人，他也只能将自己的心术不正放在家里。

这正是标准石油公司强大到让对手敬畏的原因之一，同时把精诚合作当作我们生命中最重要的事，才是最为重要的因素，这一点查尔斯先生可以说身体力行，是我们的表率。

作为标准石油公司的引领者，我曾经在一次董事会上真诚地建议："我们大家是一家人，我们应该荣辱与共，我们要学会用自己坚强的手掌来托起我们共同的事业。所以在这里，我建议大家，不要说我应该做什么，而是要学会说我们应该做什么。千万不要忘记，我们是合作伙伴，不管做什么事情都是为了大家的利益着想。"

显然，我的发言感染了查尔斯先生，他第一个站起来回应道："先生们，我们应该知道，约翰的意思是，比起我来说，我们这个词更加重要，因为我们是一家人，没错，我们要说我们！"

也就是从那一刻开始，我看到了我们最为伟大的未来，因为我们都已经开始忠诚于"我们"。不要忘了，每个人都是自私的，每个人的天性都是忠于自己，"我"是每个人心中当之无愧的第一位。当"我们"取代了"我"的时候，它所能够爆发出来的力量将变得无法估量。我相信我们能取得巨大的成就，就在于我们首先经营了人，所有的人。

我和查尔斯先生都有着相同的信仰，我们都是虔诚的基督信徒。我非常欣赏查尔斯先生的那句格言:珍惜时间和金钱。我一直觉得这个格言蕴含着伟大的智慧，我相信大多数人都会喜欢这句话，可是却很难将其变成自己的人生信条，很难永远地将其融化在自己的血液当中。

是这样的，不管一个人拥有多么丰富的妙语箴言，也不管他有着多高的见解，如果不能利用每个机会去行动的话，那么他的性格最终也不会受到什么良好的影响，人一旦失去了美好的意图，最终就会变得一无所获。

我们每个人都知道，能不能构建出幸福的生活，能不能获取成功，都和自己如何利用时间有关，然而在很多人心中，时间就像是自己的敌人那样，他们不断地消磨它。但是如果谁去偷走他们的时间，他们又会发怒，因为时间就等于金钱，重要的时间则等于生命。可遗憾的是，他们就是不知道要怎么样去利用时间。

事实上，这并没有哥伦布发现新大陆那么困难，重要的是，我们要学会规划自己的每一天，甚至是每一刻，并且知道自己应该思考什么，应该如何去行动。计划就是我们顺应每天的情况而生活的依据，它能够告诉我们哪些是可行的。想要制订一个完美的计划，首先你要知道自己想要的是什么，还有就是每项计划都要有措施，并且要监督成果。只有那些能够付诸行动，并且有成果的计划，才是有价值的计划。当然，创造力和信念能够把不可能变成可能，并且突破计划的限制，所以，千万不要把自己困在计划当中。

人生的每一刻都是关键，每个规划都能决定我们生命未来的走向，所以，我们制订规划也需要策略。决心一定不要下得太快，遇到重要的问题时，如果自己没有想好最后一步怎么走，就先不要迈出第一步，要相信，总有时间去思考问题，也总有时间去将想法付诸实践，要有促进计划成熟的耐心。可是一旦自己做出决定，就要学着像一个斗士那样，忠诚地去做！

赚钱不会让你破产，这是查尔斯先生的致富圣经。曾经在一次午餐聚会当中，查尔斯先生公开了自己的赚钱哲学。就在那天，他用了一种近乎演讲家般的激情，激励了我们在场的每个人，他告诉我们，世界上有两种人是永远不会富有的：

第一种人是及时行乐的人，他们喜欢过那些光鲜的日子，就像是苍蝇盯着腐肉那样，对奢侈品非常有兴趣，他们日常就是挥霍，竭尽自己所能拥有那些华美的衣服、昂贵的汽车以及豪华的住宅和价值高昂的艺术品。这种生活说起来的确十分迷人，但是它缺乏理性，这些人缺乏这样的警惕，他们只是在不断地寻找自己增加负债的方法，他们会成为可怜的房奴、车奴，可是一旦破产的话，他们也就完了。

第二种人就是喜欢存钱的人，把钱存在银行里固然是一种很保险的行为，但是这和将钱冻结起来没有什么区别，要知道，靠利息是不能发财的。

但是有一种人是注定会成为富人的，也就是我们这样在场的人，我们不会去寻找花钱的方法，我们只会寻找和培养各种投资的方法，因为我们知道，财富是可以用来赚取更多的钱财。我们会将自己的钱拿来投资，以此来创造更多的财富。但是我们要知道，让每一分钱都能带来收益，这也正是约翰一直坚持的经商原则，让每一分钱都物有所值！

查尔斯先生的演讲，获得了满堂的掌声，我被他的言语所打动，以至于鼓掌过于用力，直到饭后还觉得两个手掌隐隐作痛。

　　时至今日，我再也听不到那种掌声了，也再也没有那种鼓掌的机会，但是珍惜时间和金钱一直陪伴着我，我没有理由去浪费自己的生命，因为浪费生命就等于放弃自己，这个世界上没有什么比放弃自己更加悲剧的事了。我们也不要把安逸和享乐当作是生活的目的，因为那和猪没有什么区别。

爱你的父亲

1914 年 6 月 21 日

（此时老约翰 76 岁，小约翰 41 岁）

第 26 封

忍耐就是策略

不管任何时候，冲动都是我们的敌人。

能忍别人不能忍的事，才能做别人不能做的事。

如果你真的想成功，你一定要掌握并保护自己的机会，更要设法抢夺别人的机会。

亲爱的约翰：

首先我要谢谢你对我的信任，跟我说你退出花旗银行董事会的事情，当然，我理解你为什么要这样做，同时我也理解你没有办法再忍受自己同人的那些做法，更加不想去屈服于他们。

但是你这个决定是不明智的，还要依靠时间去验证。理由非常简单，如果你没有主动放弃花旗银行董事的机会，而是选择了留在那里，可能你会获得更大的收获。

我知道，屈服其实是思想的大敌，也是自由的枷锁。然而对于一个满怀大志的人来说，保持着一些必要的屈从和忍耐，可能是一条非常不错的成功策略。我追溯自己的过往，也忍耐过很多，同时，也因为忍耐获得过很多。

在我创业的初期，由于缺乏资金，我的合伙人克拉克先生，一度邀请他曾经的同事加德纳先生入伙，对于这件事情我是十分赞成的。因为一旦有了这个富人的加入，就意味着我们能够做出很多我们想做、有能力去做、只要拥有足够的资金就能做的事情。

然而我没想到的是，克拉克给我带来一个富人的同时，也带来了一份巨大屈辱，他们想要将克拉克-洛克菲勒公司的名字变更为克拉克-加德纳公司。而他们要将洛克菲勒姓氏抹去的原因十分可笑，竟然是因为加德纳出身名门，他们觉得用他的姓氏能够吸引到更多的客户。

这个理由深深地刺痛了我，我觉得非常愤怒！我也是合伙人的身份啊，难道仅仅因为加德纳出身名门，就能够凭借一份资金来剥夺我的名分吗？但是最终我忍了下来，我提醒自己，你一定要控制住自己，要保持心态平静，路还很漫长，这仅仅是一个开始。

我装作若无其事的样子和克拉克说："没事，这并没有什么。"可是事实上我没有办法不去在乎，你可以试想，一个遭受到不公，并且自尊心正在受到伤害的人，怎么可能会有这样的度量，但是最终我用自己的理性浇灭了自己心头的怒火，因为我知道，这样能够给我带来切实的利益。

所谓忍耐，并不是盲目地容忍，你要学会冷静地去思考，要知道你的决定是否偏离或者是伤害你的目标。如果我对克拉克大发雷霆的话，不仅仅会有失体面，更为重要的，是会给我们的合作制造出裂痕，甚至他们会联合起来将我一脚踢开，让我自己从头再来。而团结则能够形成一股合力，让我们的事业慢慢做大，我自己的力量和利益也会越来越大！

我知道自己的目的是什么，在这件事过后，我依然饱含热情地去工作，到了第三年的时候，我成功地将那个极尽奢靡的加德纳先生请出了公司，让克拉克－洛克菲勒的牌子重新立了起来。也就是从那个时候起，人们开始尊称我为洛克菲勒先生，这个时候我已经成了一个富人。在我的眼中，忍耐并不等于忍气吞声，也不代表着卑躬屈膝，忍耐只是一种暂时的策略，同时也是对自己的一种磨炼，它能够孕育出的，正是我们的好胜之心，这是我在和克拉克先生合作期间，所领悟出来的道理。

我崇尚人人平等，讨厌那种居高临下的态度，然而，克拉克先生总是在我的面前摆出一种趾高气扬的态度，这让我十分反感。他似乎一直看不起我，把我当成那种目光短浅的小职员，甚至当着我的面来贬低我，说我除了记账和管钱外什么都不会，没有他的话我会寸步难行。这种公然的挑衅我视若无睹，我知道尊重自己比什么都重要，但是在我自己的内心当中已经和他开战了，我一遍又一遍地叮嘱自己：你要超过他，你的强大就是对他最好的侮辱，就是一个打在他脸上最响亮的耳光。

结果就像你知道的那样，克拉克－洛克菲勒的公司名称，最后永远成为历史，最终取代它的是洛克菲勒－安德罗斯公司，从此我搭上了成为亿万富翁的快车。能忍受别人不能忍受的，才能做成别人不能做成的事。

不管在什么时候，冲动都是我们最大的敌人。如果能够忍耐并且化解掉那些不该发生的冲突，那么这种忍耐就是值得的。但是如果仍旧一意孤行的话，不仅不能化解危机，还会带给自己更大的灾难。安德罗斯先生似乎并不明白这样的道理。

安德罗斯先生是一个自以为是却完全没有商业头脑的人，他没有那种成为伟大商人的雄心，却有着不少的偏见，这种人跟我发生冲突显然一点不奇怪。

最终导致我们分开的那场冲突，起源于公司发放股东的红利。那年我们做得很好，赚到了不少钱，可是我并不想将公司赚到的钱全部分给股东，而是希望将其中一半的收益用来继续运营公司。但是安德罗斯先生坚决反对。这个自私的人，想要将赚到的钱全部分了，甚至非常生气地恐吓我，他不想在公司继续干下去。我不会接受这种阻止公司强大的想法，最后我向他摊牌，并且用 100 万买下了他所持有的股份。

钱到手后安德罗斯先生显然非常高兴，他觉得自己赚到了，他觉得自己手中的股份根本就不值 100 万。但是他没有想到的是，很快我就转手赚了 30 万。这件事情后来传到了他的耳朵里，他竟然骂我用卑鄙的手段欺骗他。

我并不想因为这 30 万就落得个卑鄙的名声，就找人告诉他，可以用原价买回这些股份，但是安德罗斯拒绝了我的提议，事实上，他拒绝的是一个成为全美巨富的机会，如果他能够将那些股票留到现在的话，他已经是千万富翁了，但是为了一时之气，他丧失了以后再也没有的机会。

约翰，在这个世界当中，需要我们去忍耐的事情太多太多了，而引诱我们去感情用事的事情也太多太多了。所以你一定要学会如何管理自己的情绪，以及学会如何控制自己的感情，要注意在做决定的时候，不要受到感情的影响，而是要冷静地根据自己的需求来做决定，永远要清楚自己想要的是什么。你还要知道的是，在这个机会的世界里，并没有那么多的机会供你去挥霍，所以如果你想成功的话，你就一定要抓紧自己的每个机会，也要学会去抢夺别人的机会。

孩子，你要记住，要将忍耐放在自己的身上，它能够带给你快乐、机会以及成功。

爱你的父亲

1902 年 9 月 2 日

（此时老约翰 64 岁，小约翰 29 岁）

第 27 封
幸运之神眷顾勇者

机遇就在你的选择之中。

如果你有 51% 的时候做对了，那么你就会变成英雄。

你的行为像个赢家，你就很可能去做更多赢家该做的事，从而改变你的"运气"。

亲爱的约翰：

几天前，你的姐姐赛迪，非常高兴地告诉我，她走运了，她手里的股票就像是百依百顺听她话的奴隶那样，正在为她赚很多的钱。

我相信现在小赛迪可能已经高兴晕了，但是我并不希望她因为那些钱而乱了分寸，我和她说，小心运气搞得自己失败。

几乎每个成功的人，都曾经警告过世人：你不要依靠运气而活着，尤其是不要试图依靠运气来建立事业。可是非常有趣的是，很多人依然对运气这件事深信不疑，我想他们是错误地将机会当作了运气，没有机会也就没有了运气。

约翰，请你想一想那些你认识的人，你就能够知道，他们都不是什么温和的人，也可以肯定，他们所散发出的自信以及那种天下无难事的态度，让他们取得更大的成功。这其中隐藏着一个鸡生蛋、蛋生鸡的问题，幸运的人之所以幸运，是因为他们表现得自信，还是因为他们所谓的运气是因为自信呢？我想答案是后者。

幸运之神通常会眷顾勇者，这是我一生都遵奉的格言，最终胜利的人不一定是强者，那些勇敢而无畏，充满着自信的人也会取得胜利。当然，也有不少人相信谨慎比勇敢要强，但是勇敢比起谨慎来，更引人注目，也更加有吸引力。

我从来没有见过不欣赏自信的人，每个人都是自信果决的支持者，人们希望这样的人能够担任领袖，而我们之所以受到这样的人吸引，就在于他们自身所散发的巨大吸引力。所以勇敢的人通常会成功，他们会担任领袖、总裁，而那些能够迅速升职的人也是这样的人。

我那些成功的经验告诉我，那些大胆而果决的人，能完成最好的交易，能吸引到更多人的支持，从而达成一种同盟。而那些胆小、犹豫不决的人，最终却捞不到什么好处。不仅仅是这样，那些大胆的方法对于自己来说也是充满了好处，有自信的人通常会期望成功，然后他们会配合自己的期望，设计出一系列的计划来追求自己的成功。

当然，这样做并不能保证最后一定会成功，但是却能推出对于成功的一种展望。换个说法：如果你觉得自己会成为最终获胜的人，那么你的行为方式就会像一个成功者，如果你的行为像个成功者，那么你就会做出更多成功者的事，从而改变自己的运气。

真正的勇士并不是那些不可一世的狂妄之人，更不是那些没脑子的莽汉。勇者知道如何运用预测和判断，来计划自己之后要走的每一步以及要做的每个决定，这种做法就像是那些军事家那样，能够让你力量大增，也就是说相当于拥有了一件武器，立刻形成一种明显的优势，帮助你来战胜对手。这让我想起自己十几年前决定买下莱玛油区的事情。

在此之前，石油界当中，一直存在对于原油枯竭的恐惧，就连我的助手都一直觉得不能长久地在石油业当中获取利益，从而悄悄变卖着公司的股份。甚至有的人建议，公司要及早地转行，去做一些其他的更为稳定的生意，不然我们的公司很有可能垮台。作为一名领袖，面对这种悲观的想法，应该送出的是希望而不是随之哀叹，我告诉那些在惶恐中的人们：上帝能够给予我们一切。

然后当我再次感觉到上帝温暖时，就是人们在俄亥俄州莱玛镇发现石油的时候。只是莱玛的石油散发着用很多方法都不能去掉的臭味，深深地打击了很多人想大赚一笔的信心。但与他们不同的是，我对这块油田充满了信心，我预见到如果我能够独占莱玛，就具备了统治石油市场的巨大力量。这个时候机会来了，如果我让它悄然溜走的话，那么我洛克菲勒的名字就跟猪没什么区别了。我告诉公司的那些董事们：这是个千载难逢的机会，我们应该把钱投入到莱玛。

可非常遗憾的是，那些胆小怕事的人反对了我。

我从来不会将自己的想法强加给别人，我希望大家能够和颜悦色地去讨论，最后能够获得一个统一的答案。

那次可以说是非常漫长的等待，我忧心极了，我们建立起了全球规模最大的炼油厂，它就像一个嗷嗷待哺的婴儿一样，等待着母乳的喂养，等待着源源不断的原油输入。但是宾州的油田已经慢慢地凋零，很多小油田已经开始减产了，长此下去的话，我们只能够依赖进口俄罗斯的原油。我敢肯定的是，俄国人一定会利用对油田的控制，来不断削弱我们的力量，甚至是彻底地击败我们，将我们赶出欧洲市场。可是如果我们拥有莱玛的石油，我们就能够继续赢下去，所以我一定要做些什么，不能再等待下去。

就像是我所想的那样，董事会上，那些保守派依然选择说"不"。可是我用那些反对派吃惊的方式，说服了他们，我说："先生们，如果你们不想让我们这艘巨轮沉没的话，我们就一定要保证自己的原油供应。现在，莱玛地下的那些原油正在不断地向我们招手，我相信它将给我们带来巨额的财富。所以请看在上帝的分儿上，不要再说什么那些散发臭味的石油没有市场，我相信上帝给予我们的，都是有用的东西，我相信科学最终能够扫除我们的疑虑。所以我现在决定要将自己的钱投入进去，并且愿意承担两年的风险，如果两年之后，这个项目成功了，公司要将这笔钱还给我，当然如果失败的话，由我自己来承担这项损失。"

我的决心以及诚意，最终打动了我最大的反对者普拉特先生，他饱含着热泪对我说："约翰，你成功地说服了我，如果你觉得一定要这样做的话，那么我们就一起干吧，你能够冒险，我同样也可以！"正是这种一荣俱荣、一损俱损的精神，支撑着我们不断前进。

最终我们成功了，我们将所有的资金投入到了莱玛，获取到巨额的回报。我们将全美最大的原油基地牢牢地控制到了自己的手中。而在莱玛的成功则刺激了我们的活力，支配着我们不断地收购。最后就像是我们预想的那样，我们成了石油行业最令人畏惧的超级大船，获取了不可动摇的地位。

约翰，态度能够帮助你创造运气，而机遇就在你的选择当中，如果你日常生活中，有百分之五十一的时候做对了，那么你最后就会变成英雄。

这也是我关于幸运这件事最深的体会。

爱你的父亲

1898 年 10 月 7 日

（此时老约翰 60 岁，小约翰 25 岁）

第 28 封
真诚地相信自己就有办法

做任何事都不可能只找到一种最好的方法。

要找出完美想法的最佳途径，就是拥有许多想法。

最大的成功都是留给那些"有我能把事情做得更好"
的态度的人。

亲爱的约翰：

我并不赞同你让罗杰斯担当重任的观点，事实上，我曾经也这样想过，但是最后我很失望，我用人的原则就是那些被委以重任的人，是那些为了将事情做好从而找出更好办法的人，但是罗杰斯显然并不合适，因为他是一个懒得思考的人。

在我想要启用罗杰斯以前，我曾经问过他一个问题，我说："罗杰斯先生，你觉得政府要怎么做才能够用三十年的时间废除所有的监狱？"他听完这个问题觉得很困惑，觉得自己听错了，一阵沉默之后，他就开始想办法反驳我："尊敬的洛克菲勒先生，您是想要将那些强奸犯、杀人犯和强盗都释放吗？您知道这么做，会造成什么样的后果吗？如果真是那样的话，这个社会就不会安宁了，所以不管怎么样，一定要有监狱存在。"

我十分希望罗杰斯能够将自己那颗铁块一样的脑袋砸出一条缝隙，我提醒他说："罗杰斯，你只是说出了不能废除的理由，那么你现在试想，如果可以废除监狱的话，我们要如何做呢？"

"对不起，洛克菲勒先生，这太让我为难了，我不能相信这个事情，我也找不出废除它的办法。"这就是罗杰斯所谓的办法，也就是没有办法。

我实在是想象不出，如果给予他重任的话，当机会或者是危难来临的时候，他能不能动用他所有的才智来积极地应对，我并不相信罗杰斯，他只会将希望变成失望。

找出将事情做好的方法，是把任何事情做成的前提，这并不需要有什么超人的智慧。重要的是你一定要相信自己能把事情做成。要有这种信念，当我们自己相信一件事情可以做到的时候，我们的大脑就会为此找出各种方法。

只要我们相信这件事情能够做成，我们就一定能够找到解决问题的创造性方案，将我们内在的那些创造性的能力发挥出来。相反，如果不相信事情能够成功的话，那么就等于我们自己关闭了创造性解决问题的心智，这样不仅会阻碍我们发挥创造性的能力，还会让我们的梦想破灭，这也就是我们为什么常说"有志者事竟成"的道理。

我讨厌我的手下说"不可能"这句话，"不可能"是失败者的用语，一旦人们被自己那种"这件事是不可能"的想法所占据的话，那么他就会因此衍生出一连串的想法，来证明自己所想的没有问题。罗杰斯显然就犯了这样的错误。他是一个具有传统思想的人，他的心灵是麻木的，他一直的想法是，这些已经施行了百年的想法，一定是一个好的办法，所以一定要维持原有样子，为什么一定要去冒险改变呢？可是现实却是人们用心去想办法做到的话，就一定能够做到，"普通人"总是讨厌进步的。

人们相信，做什么事情都不会只有一种好的方法，最好的方法就是拥有创造性的心灵。没有什么事情是一直正确的，如果让那些传统的想法来冻结我们的心灵，那么新的想法就没有出头的时候。

传统的观念是那些创造性计划的头号大敌，这种想法会阻碍我们去施展自己的创造能力。罗杰斯就犯了很专业的错误。他应该去尝试接受各种各样的创意，要丢掉自己那些不可能、办不到、没有用的想法，他应具备一种实验精神，要勇于去尝试新鲜的事物，那样才能够拓展他的能力，帮他承担更大的重任而打下基础。同时，他自己也要主动地去前进，而不是想，这是我一贯的做事方法，所以这次做事的时候我也采用这样的方法。他要想的是，有什么样的办法比我平时的方法会更好呢？

什么计划都不是绝对完美的，这也就意味着将事情不断改良可以一直进行下去。我深深地了解这一点，所以我常常会找到一些更好的方法。我从来不会去问自己，我到底能不能做好，我知道，我一定可以做到的，所以我常问自己的问题是，我怎么样才能把事情做得更好？

想要找出完美办法最好的途径，就是自身拥有很多的想法。我不断地去给自己或者别人设定一些比较高的标准，不断去寻找增进效率的办法，用最低的成本来换取更多的报酬，投入更少的精力去做出更多的事情。因为我知道的是，最大的成功者都是那些曾经抱着"我能够把事情做得更好"的态度的人。

不断地进步和"我能够做到更好"的态度，是需要培养的，要每天去问：我今天怎么样才能把工作做得更好，今天我要如何去激励员工？我还能够给公司提供哪些不一样的服务？我应该怎么办才能让我的工作更有效率？这个练习其实是很简单的，但是却非常实用。你不妨去试试看，我相信你也能够找到很多的方法来得到更多的成功。

孩子，我们的心态决定了我们的能力。我们觉得自己能够做多少，就一定能够做多少。如果真的相信自己能够做到的话，那么我们就能找到更多的方法去做事情。

拒绝接受新鲜事物和挑战的人，是非常愚蠢的。我们要集中自己的心思去想怎么样才能做到更多。只有这样，那些富有创造性的想法才会到来。就好像改善目前的工作计划，或者找到平时工作的捷径，或者是去把那些无关的琐事都删除掉。换句话来说，那些能够让我们做得更好也收获更多的方法，都会这样出现。

约翰，你不妨和罗杰斯谈谈，我也希望他能够有所改变，到那个时候，他就能够过上好日子了。

爱你的父亲

1903 年 12 月 4 日

（此时老约翰 65 岁，小约翰 30 岁）

第 29 封

尾声就是开始

最好是好的敌人。

首先发现对方弱点并狠命一击的人，常常是胜者。

大多数人会失败，不是因为犯错，而是因为没有全心投入。

亲爱的约翰：

　　安德鲁·卡耐基先生又一次接受了记者的专访，我到现在也不明白他为什么那么喜欢在报纸上抛头露面，我觉得他一定是得了恐惧遗忘症，他怕别人忘了他的存在。

　　但是我个人还是很喜欢这个经常和我争斗的家伙的，因为他非常勤奋，并且野心勃勃，就像是一个永远不知道疲倦的机器那样，总是将向前看当作自己第一、第二、第三重要的事情，也正是因为这样，每当他被问及自己的成功秘诀时，他通常都会告诉那些记者们：尾声仅仅是个开始。

　　真是太难以让人相信了，这个铁匠怎么能够说出这样精辟的见解来，我相信这个仅仅靠三个单词组成的短句，很快就会传播出去，或者卡耐基先生会因为这句话得到商界哲学家的头衔也说不定。事实上，他还是值得人们这样称道的，难道能够将自己成功的人生浓缩成短句，不正是表现了这个商业巨人特别睿智的一面吗？

　　不过卡耐基先生所给出的，仅仅是一个称谓成功者的公式，却并没有将演算过程给出来，看起来，这个家伙还是那样的自私，总是怕别人知道他成功的秘密。我倒是想试着帮这个铁匠解释一下这个公式，但是希望你不要外传。不然很有可能因为我泄露了他的秘密，在今年圣诞节的时候他不仅仅会送我威士忌，一定还会送来雪茄，他向来知道我是滴酒不沾的，更加了解我是一个禁烟主义者，这个家伙就是这么有趣。

　　"尾声只是开始"这句话在我看来，是想试图表明一个道理，那就是成功是一个不断繁衍的过程。这就像是一头多产的母牛，当它开始生下自己第一头小牛的时候，马上又会怀上另一头小牛，如此生生不息地循环往复。所谓的尾声，既是上一段路程的结尾，同时也是下一段路程的开端。每个伟大的成功人士，都是经由一个个微小的成功而组成的，他们用尾声来庆祝自己一段时间的胜利，同时又在尾声当中毅然决然地踏上新的征程，这是每一个创造伟大成就的人所拥有的品质。

但是要怎样才能开始新的篇章呢？卡耐基先生没有说，而这也正是期望冲破最后一站的关键，更是进入到下一场旅程的关键。事实上，答案是很简单的，那就是从一开始你就要想尽办法去占据大量的优势，我的经验告诉我，有三种策略能够让我们获取到优势。

第一，要在一开始的时候就下定决心，关注每个竞争者和竞争者的资源。这点告诉我们，我们自己所拥有的和别人所拥有的资源，也代表了要了解降低机会的基本状况。我们在从事一件新的事业的时候，在了解到整个状况之前，不要去采取任何行动。成功的第一步，就是要了解我们想要达成目标需要哪些资源，它在哪里，数量有多少。

从一开始，我就会想办法预测出会出现什么样的机会，每次当它一出现，我就会像狮子扑兔那样扑上前去。并且我知道的是，最好是好的敌人。很多人都喜欢去追求最好的东西，从而会放弃掉好的东西。其实这种做法是十分不明智的，因为好总是要比不好强得多。现实就是，理想的机会很少会主动地送上门来，却常常有那么多的不尽理想，但是还算好的机会虽然有很多的不足，却远远比没有机会强得多。

第二，要研究和检讨对方的状况，然后学会利用这样的知识，来形成自己的一种优势。了解对手的优点、缺点、做事风格以及性格特点等，总是能够让我们在竞争当中占据到优势，当然，同时我们也要知道自己是谁，我的这个策略曾经就让说出那句"尾声就是开始"的卡耐基先生甘拜下风。

卡耐基先生，可以说是当之无愧的钢铁巨人，挑战他就好像是挑战死亡那样。但是我了解了他的缺点，帮了我的大忙，他这个人非常固执，也许是因为他太富有了，所以他总是喜欢低估别人。他从来都没有将我放在眼里，他愚蠢地觉得石油行业才是我的舞台，并且他固执地觉得只有愚蠢的人才会去投入到采矿行业当中。因为他觉得矿石的价格太低了，并且矿石是永远也采不尽的。

所以当我投身到采矿业的时候，他往往见人就会嘲笑我，说我对钢铁行业一窍不通，是整个美国最为失败的投资者，可是实际上，卡耐基先生的目光有些短浅了，他不知道价格并没有那么神圣，最重要的是价值，如果不去控制采矿业的话，他自己那些引以为豪的炼钢厂和废铁没有什么区别。

当别人不将你当作对手的时候，也就是你给未来竞争赚取更多资本的时候，所以从那个时候开始，我就大胆全面地进行了投资。冲动远远胜过慎重，但是很快这个高傲的铁匠就发现了，自己所嘲讽的那个全美国最差劲的投资人，控制了整个铁矿业，成了整个美国最大的矿石生产商，并且取得了支配性的地位，试图与他分庭抗礼，然后他坐不住了，只好低声下气地来与我讲和。

在一场竞争当中，首先发现了对手的弱点，并且狠命一击的人，往往最后都是胜者。

第三，你一定要拥有正确的心态，在一开始的时候，就一定要下定决心，去追求最后的胜利。这就代表着你一定要在道德的限制下，表现得积极，并且无情，因为这种态度直接来自自己残忍无情的目标。

既然已经下定决心去追求胜利，就一定要全力以赴地去做，也只有全力以赴，才能够取得辉煌的成就。在竞争开始的时候，更应该这么做。换个说法来说，这是为了努力更早地获得优势，从而建立起独占的地位。比较难听的说法是，你付出努力就等于让别人减少了一个机会，同时，我们还要勇敢地去面对，要有鲸吞四方的勇气。我相信，所谓天才的竞争者总是由那些勇敢的人所扮演的，这是千古不变的定律。

在《新约》当中，使徒保罗说道："如今常在的，有信、有望、有爱，这三样其中最大的是爱。"每个新旅程的开始，最为重要的就是要保持追求最终胜利的决心，如果没有这种追求胜利的态度，关注竞争状况和了解自己的对手也没有什么作用，那么，获得知识、保持控制力、评价竞争的状况，正是帮助你建立信心，从而协助自己达成胜利的东西。

约翰，看看那些失败的人吧，你会发现，大多数人之所以会失败，并不是因为他们犯错了，而是因为他们没有投入全部的身心，企业也是这样的道理。

所以不要忘了卡耐基先生那句很有可能马上就广为传颂的名言"尾声只是开始",当然,还有我告诉你的三个策略。

天啊,我不是在营救一个不需要营救的谋略家吧!

爱你的父亲

1908 年 8 月 31 日

(此时老约翰 70 岁,小约翰 35 岁)

第30封
不要让小人拖你的后腿

明智的人，绝对不会为了命运而坐下来哀伤。

那些说你做不到的人，都是那些无法成功的人。

你付不起因为贪小失大而累积的种种额外负担。

亲爱的约翰：

　　我猜你可能已经想到了，你的一些思想和观点正因为你的那些朋友而在发生变化。我并不是反对你扩大自己的社交圈子，因为那可以增加你生活的情趣，拓展你生活的领域，甚至是帮你找到自己的知己或者是那些能够帮助你实现人生理想的人。但是有些人显然并不值得你和他交往，比如那些拘泥于卑微以及琐碎事物的人们。

　　在我年轻的时候，我就不会同两种人交往。

　　第一种是那种向现实妥协，并且安于现状的人。他们坚信着自己的条件是不足的，认为能够创造成就的人都是那些幸运的人，他们没有这个福气，这种人通常会守着一个有保障且平凡的岗位，日复一日、年复一年地混日子。他们也了解到自己需要一份更加具有挑战性的工作，那样才能够帮助自己继续成长，但是因为那些层层的阻力，让他们觉得自己确实不适合做大事。

　　明智的人，永远都不会坐下来哀伤。但是这种人通常只会抱怨自己的命运不济，却从来学不会欣赏自己，将自己看成很有分量的人，他们已经失去了那种让自己全力以赴的感觉，以及自我鼓励的本能，反而不断地让消极占据了自己的内心。

　　第二种人，就是不能把挑战进行到底的人，他们曾经也具有很大的志向，也曾经为了自己能够创造成就而努力，制订计划，但是过了十几年或者是几十年后，随着工作的阻力慢慢增加，在为了向上攀爬而艰苦奋斗的时候，他们通常会觉得这样做十分不值，因此放弃掉自己的努力，变得自暴自弃起来。

　　他们也会自我解嘲："我们已经比一般人赚得多多了，生活也比一般人要好很多，为什么还不知足，还要去冒险呢？"事实上，这种人已经有了恐惧感，他们害怕失败，害怕别人不认同自己，害怕有意外的事情发生，害怕失去自己已经有的东西。事实上，他们自己并没有满足，只是因为害怕失去，最后却不得不妥协。这种人其实很有才干，却因为不敢重新出发，最后平平淡淡地度过了自己的一生。

　　这两种人有着共同的特征，并且这种特征特别容易感染到其他人，那就是消极。

　　我一直觉得，每个人的个性以及野心，与他处在什么样的身份地位，和他与什么人交往有关。如果经常和消极的人来往，那么你自己也会变得消极。常常和小人物来往，那么你就会多出很多卑微的习惯。反过来说的话，如果经常和大人物接触的话，就会提高自己的思想水平。经常和那些雄心万丈的人来往，也能够让你具有迈向成功所必需的野心以及行动。

我特别喜欢那些永远都不会屈服的人，我喜欢和那样的人交朋友。有个聪明人曾经说过："我要挑战那些令人讨厌的逆境，因为智者告诉我，那将是通往成功最为明智的办法，只是这种人太少了。"

这种人从来不会让悲观的情绪左右自己，绝对不会屈从于任何阻力，更加不相信自己会度过浑浑噩噩的一生。他们活着的目的，就是要不断地创造成就。这种人通常都非常乐观，因为他们拥有自己想要完成的心愿。同时，这样的人也很容易会成为各个领域的成功人士，他们能够享受自己的人生，也懂得生命的可贵，他们都在期待着新事物的到来，以及和新人之间的新接触，因为他们能够将这些事情当作是丰富人生给你的历练，因此他们十分乐意去接受。

我相信很多人都想成为这样的人，因为只有这样的人才会成功，也只有这样的人才会去真正地做事，并且能够获得他们所期盼的结果。

然而不幸的是，现实当中消极的人随处可见，也让更多的人无法从消极之墙的围困当中逃脱。

在我们四周的人，并不是人人相同的，有些人消极保守，也有些人能够积极进取。那些曾经和我共事过的人，有些人只是想混口饭吃，而有些人则是怀着大志向，想要获得更好的成功。他们深切地知道，想要成为一个大人物之前，一定要先做一个好的追随者。

想要有所成就的话，就一定要避免落入到各种各样的圈套和陷阱当中，在任何一个地方，都有一些明知道不行却非要挡住你前进的道路、阻止你前进的人。有很多人因为自己的奋发，却被别人嘲笑或者是恐吓。还有很多人看到你努力的样子会非常嫉妒，所以他们会想尽办法来捉弄你，让你难堪。

我们并不能阻止别人成为那些无聊的人，但是我们却可以保证自己不被那些无聊的人所影响，从而降低我们自己的思想水平。你要学会让他们路过，就像是一条河流那样自然地流过。去跟随那些思想积极前进的人，同他们一起成长吧！

我相信你能够做到这一点，只要你还有正常的思想就一定能够做好，而且你最好这样去做。

有些消极的人本身并不坏，可是依然有一些消极的人，不仅自己不去上进，还经常试图将别人也拉下水，他们自己没有什么作为，所以就想让别人也同样一事无成。记住，约翰，那些说你办不到的人，都是那些无法成功的人。所以这种人的意见，对你来说其实是非常有害的。

你要去防备那些说你做不到的人，要将他们的那些警告，当作你一定可以办到的激励。你还要防备那些消极的人破坏你迈向成功的计划，这种事事实上是随处可见的，他们好像专门以破坏别人进步为乐趣，所以你一定要小心，要随时提防那些消极的人，千万不要让他们破坏自己的成功计划，千万不要让那些满怀嫉妒、心胸狭窄、思想消极的人去阻碍你的进步。那些人都期盼着看到你失败，不要给他们任何的机会。

当你遇到困难的时候，最明智的做法就是找那些一流的人物来帮助你，如果你去向一个失败者请教的话，就像去找庸医来治疗绝症是一样的可笑。你的前途是非常重要的，所以千万不要去找那些长舌妇来征求意见，因为这种人一辈子都不会有什么出息。

你要重视自己身边的环境，就像是食物能够满足你身体的需求一样，精神活动也能够滋润你心里的健康，要让你的环境给你的工作服务，而不是让它们成为你的拖累，不要让那些扯你后腿的人来搞得自己萎靡不振，要让环境帮你的方法是，多去接近那些成功的人，不要和那些消极的人往来。

每件事情都要做得尽量地好，因为你负担不起那些因为贪小失大所累积的种种额外负担。

爱你的父亲

1902 年 5 月 11 日

（此时老约翰 64 岁，小约翰 29 岁）

第31封

做目的主义者

忠诚是甘心效命的开始。

到达地狱的路，是由善意铺成的。

目的是我领导的依据，目的就是一切。

亲爱的约翰:

　　你能够走到标准石油公司的核心层,是你的荣耀,同时也是我的荣耀。可是你要知道的是,当你在享受这份荣耀的时候,你同样要肩负起与之同等的责任。不然的话你将会愧对这份荣耀,不然你会辜负别人对你的希望和信任。你不要忘记,你是标准石油公司的中坚力量,我们的事业最终会成功还是失败,都和你息息相关,所以你要以更高的力量以及标准来要求自己。

　　坦白地说,想要在自己的位置上做得好,让别人能够认同你,你需要学习的东西还非常多,其实你现在需要思考的,是你现在能不能成功地掌控这个角色。

　　每个领导其实都是一个希望大使,是带领部属们安全度过眼前困境的向导,但是想要不被辜负却非常难。作为一个领导者,不管是谁,都会遇到一堆的问题,就好像是堆积如山的工作,没完没了地咨询,突发的一些变故,最高管理层以及投资人甚至是客户们没有止境的要求,难以调教的雇员们,挑战在不停地变动着,让你疲于奔命,甚至会感到挫折、恐惧、焦虑、不安以及不知所措,以至于最后破灭你所要取得的商业成就和个人的梦想。

　　但是,有的时候成为一个充满着活力和信心的优秀领导,远比一个丧失活力、整天在挣扎无助当中度日的领导者要容易得多,当然前提是他要知道怎么样才能够让他的部属甘心地给他卖命,注意!我说的是甘心,而不是被迫。

　　作为标准石油公司的领袖来说,我既享有权威性,又享受着愉悦,因为我知道,找到能够保证完成任务的人,就等于是我创造了时间,换句话来说,这不仅仅能够让我精力充沛,更加重要的是,它能够让我有更多的时间去思考,怎么才能够帮助公司赚到更多的钱。

　　在这里,涉及一个态度的问题,行动会受到态度的驱使,我们应该选择用什么样的态度,也就决定了我们将采取什么样的一种行为,至于结果,应该很快就能够看到分晓。人能够由改变自己的态度来改变自己的人生，如果你相信能够改变态度的话，那么你就一定能够改变人生。

聪明的人，总是能选择出一个对自己最为有利的态度。真正懂得领导艺术的人，总是会自问：到底怎样的态度才能够帮助自己达成自己想要的结果。是采取一种激励的态度，还是抱有一种同情的态度？他们永远都不会选择冷淡或者表现出敌意的态度。

如果你将自己看得太高，想要采用一种专制的态度，那么你很有可能成为下个路易十六。对于我而说，我从来都不会专横跋扈，去制造什么冲突，或者给自身施加过大的压力。反而却有一个给予部下信任、鼓舞他们的士气来达成我所期望的商业成就的习惯，这个习惯能够帮助我实现灵活运用部属的目的。想要做到这一点，其实方法很简单，那就是要知道怎么样运用和设定目的的力量。

我是一个目的主义者，我从来都不会像有些人那样，去夸大目标的作用，可是我却异常注重目的功能。在我看来，目的能够驱动我们的潜能，能够主导一切，它能够影响我们的行为，激励我们自己制造出达到目的的手段。一个明确的目的，能够让我们更加专注于我们所选择的方向，并且尽力地达成目标。

我的经验告诉我，一个人能够完成的任务，以及他最终的表现，和他的本质以及力量息息相关，我们设想一下，没有一杆就完成的高尔夫球比赛，你需要一洞一洞地打进去，你所打出的每一杆，都是离球洞越近越好，直到最后将它打进。

目的只是我们作为领导的依据，目的就是一切，我通常都会在做事情之前首先确立目的，并且每天都要设定目的，无数的目的。就好像我和合伙人谈话的目的，召开公司会议的目的，制订哪些计划的目的等。我通常在做事情之前，先检视自己所设定的目的。通常在我到达公司的时候，我已经做好了完全的准备。所以在我的心中，从来没有出现过那些"我没有办法""我不管了"等非常消极的想法，每一次目的的确立，都能够抵消这些失败的力量。

如果你还不能确定自己的目的，那么你很有可能就会被其他的事情转移注意力，结果很可能导致你失去了掌控全局的能力，同时你也会受制于那些让你分心或者搅乱你的人或事件。

这就好像你是一艘游艇，从码头开始松开了绳索，最后却忘记了启动马达一样，最后海风、水流或者是其他的船只会让你葬身海底。也许在对岸有什么好事等你，但是除非出现什么奇迹，不然你永远都没有办法到达对岸。确立目的就像是打开游艇的马达一样，能够促使你向正确的方向行驶，目的能够给你的努力确定方向。

但是确定你的目的，只能帮你走到目的主义者的中途，你还需要走另外一半路程，你必须毫无保留地和你的部下们，说出你的目的、你的企图、你的动机以及内心当中的战略计划。对于每一个需要了解我目的的人，我都会不吝地向他们说出我的目的。所以在每次会议、报告当中或者事情的开始阶段，我都会首先表达出我的动机、想法甚至于期望。

这么做的好处，通常能够让你觉得惊讶，它不仅仅能够让你的部属清楚你的目的，知道哪里才是正确的前进方向。更加重要的是，当你开诚布公地将这些说出来之后，你将会在情感上收获到忠诚，要知道忠诚就是甘心效力的前提。

每个杰出的领导人，都善于动用两种无形的力量：信任和尊重。当你诚实地说出自己的目的时，你将传达出这样的信息：这是因为我对你们抱有强烈的信任，所以我愿意向你表白。它能够开启信任的大门，而在大门之外，你所能够获取的不仅仅是部下的能力，还有来自他们的忠诚。要依靠凝聚力量来帮助你的忠诚，信赖别人并且使别人也信赖你，这就是我所取得今天成就的重要原因。

公开你的目的，能够避免那些无益的讨论，如果你不告诉自己部下你的目的是什么，他们就会花大量的时间来猜测你想要的目的，并且根据所能搜集到的那些蛛丝马迹来进行推测，然而这些信息，是非常容易受到扭曲的。只有不需要解读你的动机时，你部下的能力才有机会得到全部的发挥，所以将自己的部下当成"傻瓜"似乎是个不错的选择。

目的的力量是没有办法取代的，它所能够表明的，不仅仅是一个声明，同时也是领导者对于个人行为的一种勇敢坚决的誓言。那些比较果决的目的，往往能够激励部属们，在他们日后的工作当中，拥有更为杰出的表现。

发现问题是领导者的天职，而想要解决问题就要依靠你的部属。怎样才能调动起部属，从而完成职责，则是领导者首先需要考虑的事情。我觉得，说出你的目的来，并且热情地对待每一个人，就能够实现你所要的目的。

目的就像是钻石那样：如果是有价值的话，那么它一定是要真实的。不诚恳地说出目的只会坏事。如果一个人去滥用自己目的的力量，那么只能和部属之间丧失掉彼此的信任，并且失去别人的信赖。这就是不诚恳地说出目的的风险。

约翰，到达地狱的道路，通常是由善意铺成的，除非你已经做好了那些完全的准备，不然这句话很有可能变成真的。

爱你的父亲

1902 年 5 月 11 日

（此时老约翰 64 岁，小约翰 29 岁）

第 32 封
拒绝责难，拒绝推诿

责难是摧毁领导力的头号敌人。

自责是一种最阴险狡猾的责难陷阱。

自己越强大，别人的影响力就会越小。

亲爱的约翰：

　　如果我告诉你，那个一直都不肯示弱，永远觉得自己是世界第一的富豪安德鲁·卡耐基先生来拜访我了，并且向我讨教了一个非常严肃的问题，你会不会为此感觉到惊讶？事实上，那个伟大的铁匠就是这么做的。

　　就在两天前，卡耐基先生来到了我们的基奎特。或许是我态度比较和蔼，以及我们谈话的氛围比较轻松，融化了卡耐基先生像是钢铁一样的自尊。于是他放下了自己的架子问我：

　　"约翰，我知道你领导着一群非常能干的人，不过，我并没有觉得他们的才干有那么的了不起，可是我比较疑惑的是，他们似乎是无坚不摧的，总是能很轻松地就击败了你的竞争对手们，我十分想知道的是，你到底用了什么样的魔法，让他们拥有了那样的精神，难道是因为金钱的力量？"

　　我告诉卡耐基先生，金钱的力量固然是不能低估的，但是责任的力量同样也是巨大的。有的时候，行动并不是源于想法，而是源于责任。标准石油公司的人，每个人都有负责的精神，都清楚地知道自己的责任是什么，怎么样才能够将事情做好。但是我从来不去高谈什么责任或者是义务的力量，我只是通过自己的领导方式，去创造出具有责任感的企业。

　　我本以为这个话题应该到这里就结束了，可是显然我的回答挑动了卡耐基先生的好奇心，他非常认真地追问道："约翰，那你能够告诉我你是怎么做到的吗？"

　　看着卡耐基先生那谦逊的神态，我没有办法去拒绝，所以我一定要将最真诚的东西告诉他。我和他说，如果我们想要继续生存下去的话，那么我们的领导方式就一定不要出现因为任何理由去责难别人，或者因为什么理由去责难什么事情。责难就像是沼泽一样，一旦我们开始，就失去了自己的立足点以及前进的方向，你将会因此变得寸步难行，甚至会陷入憎恨以及挫折的困境当中。然后结果只能是一个，那就是失去手下的尊重以及支持。一旦发生这种状况，就好像是将手中的王冠送给了其他人，再也没有办法去主宰一切。

我知道，责难就是摧毁领导力的头号大敌，我还知道，在这个世界当中并没有什么常胜将军，不管是谁都有遭遇失败的时候，所以当问题出现的时候，我并不会感觉到愤怒，我只是想，怎么样才能够让情况变得好转起来，采取什么样的行动能够进行补救，或者是修复自己的失误，随后积极地向着更高的满意度前进。

当然，我不会放过自己，当那些坏事降临到我身上的时候，我通常都会停下来，问自己一个问题，我的职责是什么。然后回归到原点，借着对自身角色的一种认识，能够很好地避免窥探别人做了什么，或者是要求别人做出什么样的改变等一系列并没有什么意义的行为。实际上，只有将焦点放在自己身上，才能够将自己无意当中送出的王冠重新收回来。

但是分析自己的职责，并不意味着自责，自责是一种非常狡猾的责难陷阱，例如:那真是一个愚蠢的错误。自我责难的话，能够让自己陷入和其他责难相同的圈套当中。事实上，这种自我审视的"我的责任是什么"是一种具有强大分析力和自我肯定的步骤。我知道的是，真正的问题，并不在于他们应该去做什么，而是我应该需要做什么的时候，我不会自怨自艾，只会让自己变得更加的强大，只有自己越强大，别人的影响力才会越小。

如果我能够将每个阻碍，都当作自己前进的机会，而不是去斤斤计较别人对我做了些什么，那么我就能够在危机的高墙之外，找到一条光明的出路。

当然，我从来不会把自己当作是什么救世主，也并没有什么救世主的心态。我自问:我在哪些方面应该为自己负责? 同时我也自问:在哪些方面，我的部属们要为我负责? 领导者的工作不是什么都要自己来负责。如果我把自己当作是正义使者，然后试图去拯救这个世界的话，那么只会让自己陷入领导危机当中。在我的责任当中，有很大一部分，是要让其他人也对自己该负的责任负责。如果每个雇员都对自己切身利益相关的事毫不关心的话，那么我不相信这样的雇员能够拥有出色完成工作的能力，那么他就应该离开，给别人去服务了。

知道责任在身的那种压力，并不能让人觉得兴奋，没有任何事情像责任感那样，能够激发人们做事的能力，而将那些重大的责任交托给部属，并且让他们知道我充分地信任他们，无疑对他们来说，这是最大的信任，所以，我从来都不会将部属需要承担的责任揽到自己的身上。

我不光依靠示范来营造公司的氛围以及风气，我的部属们知道我的基本原则。在我们标准石油公司当中，没有责难、没有借口，这是我这么多年来一直坚持的理念，公司的每个人都知道。我并不会因为他们犯了错就去责罚他们，但是我绝对不能容忍不负责任的行为存在。我们的信念就是要得到彻底的奉行，我们的理念是支持、鼓励以及尊重。只会去找各种各样的借口，而不去提供解决方法的人，在标准石油公司是没有办法容身的。

我的大门随时给我的部属们敞开。他们可以随时和我说出他们的意见，或者干脆只是找我发发牢骚，但是要用一种比较负责任的方式，这样做的结果就是让我们更加信任对方了，因为我们知道所有的事都要在阳光下去讨论。

卡耐基先生显然是个优秀的老学生，他并没有浪费我的时间，他在我说完这番话之后，说道："在一片抱怨的环境当中，再优秀的雇员也会成为乌合之众！"显然他明白了这个道理，他真的是一个聪明的人。

约翰，几乎所有人都有一种推卸责任的固有的心理，所以才导致推诿的现象随处可见。但是它的危害是巨大的，而想要避免的方式，就是要学会开始倾听。

作为一个成功的领导者，最大的挑战就是，自己要清楚怎样创造出一个能够让人们觉得，开诚布公比隐瞒实情来得更加舒适的环境。主动地去邀请别人说出内心真实的想法，用一些比如"再多说一点"或者是"我真的很想知道你的意见，这对我很重要"等话语来激励他们说出自己内心真实的想法。跟一般人所想的正好相反，在这种对话当中，聆听的人才是拥有权力的那方，而不是陈述者。

怎么样，是不是难以置信？想想看，陈述者的语调和内容，事实上全部都取决于你采用什么的方式倾听。如果你和一个面露敌意并且饱含侵略姿态的人，以及一个在你说话的时候全神贯注倾听的人，两者之间有什么差异。当你单纯地去聆听其他人说话的时候，你就卸下了自己的防备，这样你能够获取更多的好处。你对那些具有攻击性或者愤怒语言所隐含的深意，会有着更为透彻的理解。你可以获取到更多的信息，而这些信息足够改变你对整个事件的假设，你也会拥有更多的时间来整理自己的思绪。

陈述者非常重视你对他的感觉，让人觉得兴奋的是，当你选择专注地倾听之后，原来那些陈述者也更愿意听从你的意见。

真正的倾听是不带有任何防御性质的。即便是你不喜欢这种信息，你也应该学会倾听和了解，而不是马上就做出任何回应。专注地倾听不是什么技巧，更像是一种处事的态度。滑雪的人在遇到障碍的时候，每秒钟都会集中自己百分之百的注意力，绝对不会去分神思考一会儿他要和自己的伙伴说些什么。同样的道理，作为一名积极的倾听者，你要贡献出自己百分之百的注意力给另外一个人，而不是出现想到什么就脱口而出的状况。这样一来，你就能够免去自己先入为主的观念，并且能够敞开自己的胸襟，开创一段可能更为有趣且有效果的对话。

这么长时间以来，我们塑造了生活，同时也塑造了自己，这个过程也必将会持续下去。最终我们都要为自己的选择所负责，就好像"目的"能够决定你的方向，拒绝责难则能帮你修筑一条通往成功的大路。

爱你的父亲

1910 年 7 月 24 日

（此时老约翰 72 岁，小约翰 37 岁）

第 33 封
善用每个人的智慧

不要将自己的好恶当作选拔人才的标准。

忠于自己，让自己赢取到人生中最伟大的一场战役。

最能创造价值的人，就是那些彻底投身到自己喜欢的事情中的人。

亲爱的约翰：

　　你的来信让我觉得十分兴奋，因为你懂得了帮助我成就事业的做事哲学，做你自己喜欢做的事。

　　对于我来说，做自己喜欢的事情，是一个不容置疑的定论。它无时无刻不在提醒着我，想要领导手下们完成任务，绝对不能依赖什么管理技巧，而是要采用一种更加宏观、更为有效的领导方式。具体说，就是不让我的手下被困在那些刻板、制式的工作和职务当中，而是想方设法地利用他们每个人的特长，并且诱使他们将热情注入工作当中，来成为一种绝佳的生产力，这也正是我能够取胜的地方。

　　我在读书的时候，曾经听到过这样的一句话："最完美的人，就是那些彻底投身到自己擅长领域的人。"后来经过我的加工，把它变成了我管理上的一个理念，就是最能创造价值的人，是那些能够彻底投身于自己喜欢事情的人。

　　我曾经说过，每个人都会忠诚于自己的天性，都想要成为自己渴望成为的那种人，而让他们实现忠诚于自我的方式，就是让他们做自己喜欢做的事情，可是遗憾的是，很多的管理者却从来都不善待雇员忠于自己的诉求，结果事倍功半。

　　其实这是非常好理解的事情，如果你不能将时间投入到你自己喜爱的事情上，你就一定不能感到自我满足。如果你自己得不到满足的话，那么你就会失去对生活的热情；一旦你失去对生活的热情，你将会失去最初的动力。指望一个没有动力的人去出色地完成工作任务，就像是指望一个已经停摆的闹钟，去准确地报时一样，是非常可笑的。

　　所以我一直都在给我的雇员忠诚于自己的机会，以此来燃烧他们的热情，让他们的特别才干发挥到极致，而我自己从中收获到的，就是财富和成就。忠诚于自己能够让自己赢取到人生中最伟大的一场战役，相信没有人会舍得放弃这样的机会。

　　如果你想要成功地利用雇员的热情，你就一定要清楚领导者的职责，你不是要去挖掘雇员的弱点，而是要关注雇员的优点，并且充分地将这些优点发挥出来。大多数人有挑选部属最为脆弱特质的习惯，而我总是要去寻找他们最为坚强的部分，让他们的优势能够在工作及需求上充分地发挥。就比如说我重用的阿奇博尔德先生。

和另外一些人不同，我不会以自己的好恶作为选拔人才的标准，我用人并不是首先看那些贴在他身上的标牌，而是看他在工作当中所展现出来的能力。没错，我喜欢自己偏好的人，但是我更清楚地知道，自己更喜欢的是效率。

阿奇博尔德也不是什么完美的人，他嗜酒如命，我却是一个禁酒主义者，但是阿奇博尔德却有着不同一般的领导才华以及天赋，他的头脑非常敏捷，乐观并且幽默。他出众的口才和好斗的性格，是他在日后激烈的竞争中获胜的保证。所以在从对手变成合伙人之后，我一直对他非常有兴趣，我不断将重任交付给他，甚至直接提拔他接替我的职务。

他已经向我证明了，他是一个天才的领导者，他的职业生涯是那样的特殊，如果没有他那坏习惯的影响，相信他的成绩将会更加的耀眼。

我的目的，就是要在每个雇员当中，找出我所重视的价值，而不是那些我并不想看到的缺点。我找出每个雇员最为值得重视的部分，并且致力于将雇员的优点转化为出色的才能，而并不是去试图修正他们身上的那些缺点，所以，我总是拥有那么多乐意奉献的部属们。

约翰，这个世界上没有什么人是无所不能的，现在你只是一位管理者，你的成就全部来自你领导能力的发挥，依赖于你的雇员做事才能的发挥。你要知道的是，你的雇员能够挑剔的地方有很多很多，可是你只需要专心去发掘每个人内在的优点，注意到他们在工作细节当中的杰出表现，以及那些他们为了将事情做得更好，从而对于完美的一种近似于苛刻的坚持，这就是你领导力的优势所在。

一个人是不能主宰一个集体的，我并不否认领导者在工作当中的巨大作用，但是就整体而言，最终获胜靠的是集体。我们所能够取得的任何荣誉都是依靠集体的力量，而不是我们个人，也只有所有人都付出努力，才能够相信并且引发奇迹的出现。

祝你好运！我的儿子。

爱你的父亲

1912 年 11 月 17 日

（此时老约翰 74 岁，小约翰 39 岁）

第34封
永远做策略性思考

我们要在没有选择的时候，勇敢地杀出一条生路。

想要找出完美的想法，首先要有很多的想法。

单纯地依靠手段的计划者，只配给策略性思考者提鞋。

亲爱的约翰：

汉密尔顿医生又发福了，看起来打高尔夫球并不能抑制他的腰围向外扩张，看来他只能用其他的运动来减少自己的脂肪了。可是不幸的是，能够不让他长肉的运动还没有发明出来，他非常痛苦，不过他却总是能够用他脑子当中各种稀奇古怪的故事给我们带来快乐。

今天，汉密尔顿医生又给我讲了一个渔夫和垂钓者的故事，让我们觉得很快乐。或许是因为看到我们捧腹大笑，医生显得非常得意，他笑着和我说："洛克菲勒先生，您是想要做渔夫啊，还是想做一个垂钓者？"

我告诉他，如果我成为一名垂钓者的话，也许我就没有资格和各位一起打高尔夫了，因为我总是采用有效的行为策略来给我创造出商业利益，而垂钓者的方式却并不能保证我成功。

当然，并没有垂钓者会愚蠢到只知道放下鱼饵，而不去思考什么计划，例如想钓哪种鱼，用什么样的饵料。需要将鱼线抛到什么位置，然后需要做的就是等着大鱼上钩了。就形式上来说，他们做得都对，但是至于结果怎么样，就没人知道了。

也许很快他们就能够钓到鱼，也许他们最终一条鱼也钓不到，而那条他们理想中的鱼，也许永远都不会上钩。因为他们太过于执着利用自己的方式，尽管他们清楚地知道自己的目标是什么，但是那种方式却限制了自己成功的可能，除了那条鱼线之外，他们没有任何的捕鱼范围。但是如果像渔夫那样，张开网去捕鱼，那么就会扩大捕鱼的范围，最终收获的鱼量能够让他们任意地选择，从而获得自己想要的那条。

我跟汉密尔顿先生以及我的球友们说，我并不是那种按部就班、以最为简单的方法来解决问题的垂钓者，我是那种能够创造出更多的选择，甚至挑选出能够创造最多商业利益的渔夫。他们都笑了，说我泄露了自己赚钱的秘密。

约翰，不管你做什么，要找出最完美的想法的话，首先你要拥有很多的想法。在做出最完美的决定之前，我都会致力于寻找那些具有创意和功效的各种可能，考量尽量多的可行性方案，并且积极地去尝试各种选择，然后把重点放在最好的选择当中。

这也就是我总是能够捕获到大鱼的原因。当然，在执行计划的过程当中，我也会随时调整我的计划，所以，即便是我的计划进展得不那么顺利，我也不会感觉到惊慌，总是能够很沉着地去应对。

很多人都觉得我拥有超凡的能力，是一个充满了行动能力以及效率的领导者，如果真是这样的话，我觉得你也能够获得这样的赞誉，只是你要克制住自己寻找简单、单向解决问题方案的冲动，勇于去尝试更多能达成目标的可行性方法。这样你就能够在困难面前，拥有更多的耐心、勇气甚至是胆略，以及不达到目的绝不收手的执着精神。

单纯操弄手段的计划者只能够给策略者提鞋，作为一个总裁，我只会给我的部下们设立清楚明确的方向以及策略，但是我不会把自己局限在一个僵化的计划当中，相反，我会持续地探索能够实现策略的各种可能性。

很多人都坚持认为，所谓成功的关键，在于扎实的策略。而这个计划一定是要有具体的能够达成的，并且有实际的行动目标作为后盾的。没错，我承认这样很重要，但是这样也有致命的缺点，那就是计划强调的只是判断和预设的一个成功，人们所采用的方法也是为了达成目标而设定的一种固定的方法，因为这些方法是根据预期能够达成什么样的目标而专门设立的，所以我们在自己行动之前，实际上已经限定了自己的范围。

尽管在我们提笔拟定这些计划的时候，这个计划看起来似乎没有什么问题，但是局势在我们确定的时候可能就已经发生了变化，这也就是说，不仅仅市场的状况改变、客户发生了改变，甚至连那些支撑计划的资源也发生了改变。这也就难怪那些成本高昂，同时又费时费力的策略，只有极少的部分才能被真正地实行。

要怎样去应对这种状况呢？不管是我们给公司，还是给单一部分所拟定的计划，我们都一定要确定自己所拟定的只是策略而不是手段，因为策略本身是具有弹性的，是多面性的，它们所强调的是如何成长，或者是怎样扩大利润这样的成果，而不是刻意衡量的目标，同时策略只是给我们提供了一个大的方向，而不是达成目标唯一的方法。

想要成为一个杰出的领导者，我们就必须让自己成为一个具有策略性的思考者，而不仅仅是一个手段的设计者，我们要避免将自己局限在既定的文件流程当中，我们的座右铭是专注，但是具有弹性空间。我们更加看重的是探索的过程，在每天当中，我们都能开创那些有助于达成目标的方向。

我们并不会固守几种方式来达成自己长远的目标，而是无时无刻地都在发掘获取利益的机会，不管是在和对手交谈，还是在和部属进行脑力峰会的会议当中。

为了远离危机，我们一定要不断地去拟定新的策略，同时去调整我们原有的计划。因为每天商业环境的不同而改变，同时我们也必须根据形势的变化，来修正自己长远目标的道路。这样在短期当中我们不只能够维持弹性的风格，而且长期来看，我们有了一个能够符合最新经济环境的目标，同时也有了更加清楚的概念。我们可以将那些陈腐的策略放到一旁，精力充沛地继续前进。

要成为一个希望主义者，不管实际情况看起来多么糟糕，请擦亮自己的双眼找出其中所蕴含的无限希望，永远都不要放弃寻找，因为希望是永远存在的。

我相信所有的领导者，都负有提供希望的义务，并且不但要帮助自己，同时也要帮助自己的部属们指引出一条光明的道路。回想自己的生命当中，有没有让你觉得最没有希望的日子？那很有可能是因为你觉得自己已经走投无路了，或者是你相信自己没有任何其他的选择，然后你被禁锢住，找不到出路。

克服这种绝望的方法只有一个，那就是要创造出能够持续跨越障碍的可能性。简单地说，就是希望源于自己相信有其他的选择存在。

杰出的领导者，要能够应对特定的商业状况，要随时准备创造新市场的机动计划，要具有处理危机的优异能力，学会帮助自己的员工规划发展事业的蓝图。一旦局势跌入谷底，就是需要你像个勇士去战斗的时候，即便是被对手压制得无法脱身，他们也从来不会放弃能够翻身的任何机会。

凭借着他们的才能以及随机应变的智慧，他们能够巧妙地利用空隙成功脱离险境。

如果在一开始的时候就发挥出了创意，那么就能够避免那些无止境的疲于奔命的痛苦。

约翰，当事情看起来已经到了绝望的时候，你依然要抱着无穷的希望，我们能够超越自己设定的界线，并且能够给下属们新的选择。所以我们要在别无选择的时候，勇敢地杀出一条生路。

爱你的父亲

1904 年 10 月 14 日

（此时老约翰 66 岁，小约翰 31 岁）

第 35 封

将部属放在第一位

始终把为我卖命的雇员摆在第一位。

一味索求而不愿付出，终会面临耗竭的一天。

给予人们应得的尊重，他们就能将潜能彻底发挥。

亲爱的约翰：

你想象一下这样的场面：一个交响乐团的指挥，准备带给买票进场的观众一场高水准的演出，但是他自己却转过身来面对着观众，留下那些音乐家们独自去演奏，结果会怎么样？

相信你可以想到，这将会是一场最为糟糕的音乐会，因为指挥并没有把音乐家们放在眼里。后者也会用一种消极的惰性来"感谢"他，并且搞砸这一切。

每个雇主都是一个乐团的指挥。他做梦都想调动起所有雇员的力量，让他们能够尽可能多地给他做出贡献，帮助他演奏出最赚钱的华丽乐章，让他赚到很多很多的钱。然而对于大部分雇主来说，这只能是一场难以实现的梦，就好像是那个愚蠢的指挥那样，忘了去善待自己的雇员，所以轻松地关闭了自己雇员心甘情愿付出的大门。

和他们一样，我同样期望自己的雇员就像是最忠实的仆人那样，能够全心全意地给我做出更多的贡献。但是我显然比他们要聪明，我不但不会无视我的雇员，反而会非常认真地看待他们，甚至可以说，我在自己的大脑当中始终将给我卖命的雇员放在第一位。

平心而论，我没有任何理由不去善待那些用勤劳的双手，让我的钱袋鼓起来的雇员们，我没有任何理由不去感激他们为我所做出的那些努力以及牺牲，更不要说在我们这个世界上，本来就应该充满着温情。

我深爱着我的雇员们，我从来都不会去呵斥他们，也不会像那些富人那样，在他们的面前摆出一副盛气凌人的样子。我能够给我雇员平等和宽容，而所有的这一切，最终组合起来，就形成了一个叫作尊重的词语。尊重别人是一种满足自我道德感的需要，但是我发现它还是能够激发雇员去努力工作的有效工具。标准石油公司的每个人，都为了公司竭尽全力地工作，这个事实让我更加坚信：给予别人应有的尊重，他们就能够彻底地发挥自己的潜能。

人性最为基本的，就是渴望获得尊重。我自己虽然节俭，但是我从来不会忘记慷慨地帮助别人。记得那次经济大萧条时期，我曾经数次借钱去帮助那些走投无路的人，让他们的工厂和家人们平安地度过了那场危机。而我从来没有去催促过他们还债，因为我深刻地了解心地宽容的重要性。

至于对于我的雇员们，我同样的慷慨，我不但给他们远超同行的薪水，还给了他们老有所依的退休金制度的保证，同时我还跟他们说，他们可以随时约见老板来要求给自己加薪。我并不否认这种慷慨具有功利的目的，但是我更加清楚的是，我的慷慨能够换来雇员生活水准的提升，而这正是我的职责之一，我非常希望每个帮助我做事的人都因为我而变得富有。

雇主就是雇员的保护神，雇员的问题就是我的问题，事实上，我可以选择忽略他们的需求，同时我也可以选择满足他们的这种需求。但是相比起来，我更加喜欢后者。我总是想方设法去了解我的雇员到底需要什么，然后我就会想办法满足他们这种需求，我会不断地询问他们两个问题："你需要什么？"以及"有什么是我能够帮你的？"我随时都在关怀着他们。对于我来说，能够给我的雇员提供帮助，是这个职务最大的乐趣之一。

薪水和奖金都非常诱人，但是对于一些人来说，金钱并不能够引发他们效命，但是给予他们尊重却能够达成这个目的。我知道，每个人都渴望自己的价值受到重视，自己能够被他人所尊重，每个人天生就带着一个标签，上面用大字写着:重视我!

我不能想象一个人在工作或者是家庭当中，没能受到重视的痛苦，我的目的，就是要让我自己的每个雇员在工作的时候，都受到应有的尊重。所以我就像一个侦探那样，不停地去了解我的雇员所感到自豪的那些才能。当我知道他们认为自己最应该被重视的才能之后，我就会将重任交给他们，一个善于去激励员工做出最大贡献的雇主，要时刻提醒自己，一定要让雇员看到效忠于你是有希望和前途的，而将重任交给他们，就是让雇员有动力在工作当中努力拼搏的关键。

做一个和善的雇主，能够让自己的雇员精力充沛，士气高昂。但是对雇员们表示自己的谢意，似乎也有很大的作用，没有哪个雇员会记得自己五年前到底得到多少奖金，但是很多人对于雇主的夸赞，会永远地记住，我从来不会吝啬于表达出自己内心的感激之情，没有任何事情，能够比直接感谢来得更加有力。

我特别喜欢在部属的桌子上留下一张便条，上面写着我要说的感谢的话，对于这种花一两分钟就能够写出来的感激之语，可能我早就不记得了。但是这种感激的意义，却会一直鼓舞着人心，经过很多年之后，也许他们都能够记得我这个慈爱的领导所带给他们温暖的鼓励，并且将其当作珍贵的箴言。所以我们不难看出，简简单单的感谢声明，确实能够展现出强大的力量。

我会认真地对待我的部属们，对于他们在工作或者是个人方面的问题，我清楚地了解。我知道每个人能够付出的力量是有限的，所以当我尽力地去帮助我的部属解决问题的时候，他们就能够腾出更多的精力，发挥出更多的贡献。

约翰，今天你已经是一个领导者了，你的成就不仅仅来源于你的能力，同时也来源于雇员们能力的发挥，所以我相信你应该知道要怎么做了。

爱你的父亲

1925 年 9 月 19 日

（此时老约翰 87 岁，小约翰 52 岁）

第 36 封

财富是种责任

巨大的财富也是巨大的责任。

只有傻瓜才会因为有钱而自命不凡。

绝不能给任何有私心的人一点点好处。

亲爱的约翰：

非常高兴，一场差点就酿成国难的金融危机，终于还是过去了。

我想，现在我们那个合众国的总统西奥多·罗斯福先生，终于可以安心到路易斯安那继续打猎了，尽管在这场危机当中，这个总统表现得是那样的无能。当然，总统先生并不是什么都没有做，他用自己的"担忧"支持了华尔街。我的上帝，我们纳税人真是瞎了眼，竟然将这么一个纽约混混送到了白宫当中。

坦白说，一提到西奥多·罗斯福这个名字，以及他对标准石油公司所做的一切，我就会出离愤怒，他是我所见到过最为狭隘，并且最具有报复心的小人。是的，这个小人最终得逞了，他利用自己手中的权力，帮助他自己策动了一场不公平的竞赛，并且最终获胜，让联邦法院开出了美国历史上前所未有的巨额罚单，并且下令解散我们的公司。看看这个卑鄙的人，都对我们做了些什么？

然而我相信的是，他所谓的惩戒最终并不会得逞，反而会让他觉得非常懊恼，因为我相信我们的公司并不是垃圾，我们有那样出色的一支管理队伍，有那样充足的资金。我们能够抵御任何的风险和打击，也正是我们有这样见识的基础，财富才会滚滚而来，等着瞧吧，会有我们扬眉吐气的时候。

但是这种不公平的对待，的确让我们受到了伤害，罗斯福指责我们是拥有巨额财富的坏人，那个法官侮辱我们是臭名昭著的窃贼，那副嘴脸就好像我们的财富是靠掠夺而来的。不对，那些愚蠢的家伙完全不知道一个大企业是如何建立起来的，他们也不想知道。

我们所赚的每分钱，都蕴含着我们的智慧，我们每前进一步，都要付出辛勤的汗水，我们的事业大厦的基石是依靠我们生命所奠基的。但是这些他们不想听，他们想都不想听，他们就像是偏执狂一样，只是相信自己低能的判断，并且用那些具有侮辱性的字眼来贬低我们的经商才能，更加无视我们用最廉价且优质的煤油照亮整个美国的事实。

　　我知道，罗斯福一定要有所收获才会停止，因为他拒绝了我们提出和解的建议。但是我们并没有什么可畏惧的，因为我们是问心无愧的，最坏的结果，也只不过是他利用自己手中的权力来拆散我们的公司而已，但是那种快乐却不会停止，辉煌也不会落地，我们的未来将会证明这一切。

　　毫无疑问的是，我们正在经受着前所未有的迫害，一场来自罗斯福政府的迫害。但是我们不能够感情用事，不能因为愤怒而压抑了自己的良知，当危机到来的时候，我们不能选择旁观，那会让我们觉得耻辱，并且良心不安，我们应该挺身而出。因为我们是合众国的公民，我们有着令国家和同胞免于灾难的责任，而作为一个富人，我知道的是，巨大的财富也是一项巨大的责任。

　　这次金融危机席卷了整个华尔街，那些处在恐慌当中的人们排起了长队，要从银行当中取走自己的存款。一场即将导致美国经济萧条的危机就要到来。我预感到我们的国家正在陷入双重危机当中，政府缺乏资金，民众缺乏信心。而此时此刻，作为一个钱袋，我必须要做些什么。我打电话给斯通先生，让美联社引用我的话，告诉美国的民众们："我们的国家从来都不缺少信用，金融界的那些有识之士，更是把信用当作了生命，所以如果有必要的话，我愿意拿出一半的证券来帮助国家维持这个信用，所以请相信我，金融地震并不会发生。"

　　谢天谢地，这场危机终于过去了，华尔街走出了困境。

　　而为了达成这样的局面，我做了自己所有能做的事，就像是《华尔街日报》所评论的那样，"洛克菲勒先生用他的发声，以及巨额的资金帮助了整个华尔街"。只是有一点他们恐怕永远都不会知道，在这次事件当中，我是从自己口袋里拿钱最多的人，这让我觉得非常自豪。

　　当然，华尔街之所以能够度过这次的信用危机，摩根先生可以说是居功至伟，他是这场战争当中的指挥官，是他将商界当中的有识之士聚集了起来，共同应对了这场危机，用他自己不可替代的金融才能以及果决的个性拯救了华尔街。所以我说，美国人民最应该感谢的人其实是他，华尔街应该感谢的人也是他。罗斯福更应该去感谢他，因为摩根先生做了那些本应该他去做却因为无能而做不成的事情。

时至今日，依然有很多报纸和很多人，对于慷慨解囊的人们大加赞赏，但是在我这里它并不值钱，我只是在追求自己良心的平静。国难当头的时候，我们本来就该当仁不让地去承担，我想那些能够伸出援手的人和我一样，只是想利用自己手中的力量以及忠诚来照耀我们的祖国。

但是我并不是没有可耻的记录，在 46 年以前，有很多的美国青年听从祖国的召唤，忠诚地奔赴前线，为了联邦的统一，为了解救黑奴贡献自己的力量，可是我却因为公司刚刚开业，我家人需要以此而生活拒绝了参战。

这并不是一个让人心安的理由，但是那个时候国家需要我去流血。这个事情一直都让我的良心不安，直到十几年前那场经济危机的到来，我才找到救赎的机会。当时，联邦政府没有能力保证黄金储备，华盛顿向摩根先生求助，可是摩根先生无能为力，最后是我拿出了巨资帮助政府才平息了那场恐慌，这让我非常高兴，比自己赚多少钱都要的高兴。

但是我从来没有把自己当成一个拯救者，也从来没有自命不凡，只有傻瓜才会因为有钱觉得自己自命不凡，因为我是一个公民。我知道自己拥有巨大的财富，同时我也承担着巨大的公共责任，比拥有巨大财富更崇高的是，我能够在祖国需要的时候帮助我的祖国。

约翰，我们是有不少钱，但是在任何时候，我们都不应该肆意地去花钱，我们的钱只能用在给人类创造价值的地方，而不能给有私心的人哪怕是一点的好处，当然，我们也绝对不会再给共和党人捐款助选，那个罗斯福已经害得我够惨了。

名誉和美德是心灵上的装饰，如果没有这个装饰，即便肉体再美，也不是真正的美。

爱你的父亲

1907 年 11 月 20 日

（此时老约翰 69 岁，小约翰 34 岁）

第 37 封
充实你的心灵

即使你要出卖心灵，也要卖给自己。

让我们学会既聪明又谦逊，既谦逊又聪明。

伟大的书籍就是伟大的智慧树，伟大的心灵之树。

亲爱的约翰：

　　就像是我们身体上的食欲那样，我们的精神也存在着食欲。但是很多人却常常因为没有时间，或者以没有时间为借口，让自己的心灵忍饥挨饿，只有在很偶然的机会当中才会充实一下它们，却总是忘不了自己肚子的消费。

　　也许我的一些看法，显得有些悲观，我们目前正处在满足口腹之欲，却忽视精神食粮的需求的时代。事实上，你经常听到有人这样说：忘记吃午餐可是一件大事。可是你从来没听到过：你最后一次满足精神上的饥饿是在什么时候。难道我们每个人天生都是精神富足的人吗？答案显然是否定的。

　　在这个世界当中，精神饥渴的人其实是随处可见的。那些生活在沮丧、消极、失败、忧郁当中的人们，他们都十分迫切地需要精神上的滋养，但是他们几乎全部都排斥充实他们的心灵，任由自己的心灵黯淡无光。

　　如果空虚的大脑能够像肚子一样，需要一些东西填满才能让主人满足的话，那该是一件多好的事情。可惜，这个世界上没有这样的事情，反而人们要接受心灵空虚的惩罚。

　　心灵是我们每个人真正的家园，我们最终是好是坏，都取决于它。因为这个家园当中的每件东西，都具备一种效用，都会有所创造，给你的将来做好准备，或者是有所毁灭，来降低你未来可能的生命成就，比如说积极。

　　每个能够达到高峰或者已经快要触顶的人，他们之所以那么积极，是因为他们能够定期地用良好的、纯净的、积极的思想来充实自己的心灵。就好像是食物能够成为身体的营养一样，他们也不会忘记自己每天的精神食粮。他们知道，如果能够充实自己的心灵，就永远都不会发愁如何填饱自己的肚子，甚至不会为自己老年的财务问题感到忧愁。

　　一个人首先一定要找到自己的家，才能够不去流浪或者是沦落为乞丐。即便是你想要出卖自己的心灵，也一定要卖给自己。我们要学会接纳自己。我们一定要知道的是，人是上帝按照自己的样子所创造的，人的地位仅仅低于天使。上帝并不会设下什么关于年龄、性别、胖瘦、肤色等问题或表面上其他的限制，上帝也没有什么时间去创造那些无用的人，更不会去忽略每个人，其实我们就是要有一个积极的态度。

就在两年前，卡尔·荣格先生和我相遇的时候，这个心理学家曾经给我讲过这样一个故事：

有一个人被洪水困住了，所以他只能够爬到屋顶上去避难。邻居当中有人游过来说："约翰，这次的大水真的是太可怕了，是不是？"

约翰回答道："不，它并不怎么坏。"

邻居有点吃惊，就反驳说："你怎么说不怎么坏？你的鸡舍已经被冲走了。"

约翰说："是的，我都知道，但是从六个月之前我就开始养鸭了，现在它们都在附近游泳。每一件事情都还好。"

"但是，约翰，这次的水可是冲毁了你的庄稼。"邻居坚持说。

约翰回答说："并没有。我种的庄稼都因为缺水而受损的，就在上周，还有人和我说，我的土地需要很多的水，你看，这次我的问题全部解决了。"

那个悲观的邻居再次对满脸微笑的约翰说："可是约翰，你看，大水还在上涨。就要涨到你的窗户上了。"

乐观的约翰笑得更开心了，说道："我正是希望这样啊，我家的这些窗户实在是太脏了，十分需要清洗一下。"

当然，这听起来只是一个笑话，但是不能否认的是，这也是一种境界，一种以积极的态度来面对纷纷扰扰世界的态度，一旦到了这种境界，即便是遇到再消极的状况，我们也能让自己的心灵自动地做出积极的反应。为了能够达到这种境界，我们只能不断地充实、洁净我们自己的内心。

每个人都能够改变或者是被改变。荣格先生说过，只要改变一个人的词汇，就能够重塑出他的生活、他的收入、他的享受，甚至是改变他自己的人生。比如说恨字。如果我们能够把这个字从自己的字典里消除，然后用爱来替代它。显然，这种移除和取代的文字，是没有止境的，但是我们的心灵却会在这个过程当中变得更加的纯净。

我们纯净的心灵是以供应它的事物而行动的，我相信，那些放进心灵当中的事物，对于我们的未来来说，是非常重要的，所以问题显然就是，我们要怎么样去喂养我们的心灵，我们要在什么时间去补充我们的精神食粮。

你是不是也听到过伐木者产量降低，是因为他们没有抽出时间来磨利自己的斧头和锯子。我们花钱，我们花很多的时间去修饰我们的外在，我们理发、刮胡子，我们却没有花费同样的时间和精力去补充自己的大脑，要知道，这是一定要做到的事情。

事实上，精神食粮是随处能够得到的，就比如说书籍。那些经由伟大的心灵碰撞而写成的书籍，没有一本不是能够洗涤并且充实我们心灵的粮食，它们一早就给自己的后人指明了方向，而我们需要做的，只是在其中挑选出对于我们有用的。伟大的书籍就是伟大的智慧树，伟大的心灵之树，我们将在其中重塑自己，让我们能够学得聪明又谦逊！

当然，我们不要去读那些以文字为生的人的图书，他们的书就像是瘟疫那样，散布着无耻的邪念，以及自负的愚蠢，他们的书只能给那些浅薄的人去看。我们所需要的是那些真正能够带给我们行动信心和力量的图书，那些能够把我们的人生推向另一个高度，引导着我们一心向善的图书，比如说《奋力向前》。

它是一部能够激荡我们灵魂，并且能够激发我们生命热情的伟大著作，我相信美国的人民都会因为这本书的问世而受到教育，并且用最积极的方式来运用自己的力量，抵达梦想的生命之境。我甚至有理由相信，谁要是错过阅读它，那么谁就可能错过伟大的人生，我希望自己的子孙们都有机会去读读这本书，它能够帮助我们所有人，开启幸福快乐的大门。

引导人们向上攀爬的动力，是一种日渐茁壮日渐旺盛的驱动力。

那些拥有着成功人生的人，相信都能够体会到。高峰上有很多的空间，但是没有一个空间是给人坐下停留的。他们知道，心灵就像是身体一样，一定要定期地去给予它们营养，身体和心理上面的营养，全部都要照顾到。

约翰，没有什么能够阻止我们回家的道路，除非是我们自己不想回来。让你的心灵之光，照耀起我们前进的道路吧！

爱你的父亲

1914 年 8 月 1 日

（此时老约翰 76 岁，小约翰 41 岁）

第 38 封

谁都能成为大人物

我们要做世上的盐。

人没有什么了不起，但没有什么比人更了不起的了。

亲爱的约翰：

　　在《马太福音》当中有这样一句圣言："你们是世上的盐。"

　　这个比喻非常平凡，同时却又那样的发人深省。盐是有味道的，同时又可以洁物、防腐。基督想以此教诲他的门徒们，应该学会肩负怎样的使命，以及发挥出什么样的影响，他们到世上来就是要净化、美化他们所在的世界，他们要让自己所处的这个世界避免腐败，并且给予世人更加健康、更加新鲜的生活气息。

　　盐最重要的责任，就是要有盐味，盐的盐味象征着高尚，象征着真正虔诚的宗教生活。那么我们要运用我们的财富、原则和信仰来做些什么呢？可想而知，我们要做世上的盐，去积极地为这个社会服务，让世人得福。这是我们的社会责任，也是最后一个社会责任。

　　我们现在的责任，就是要完全地献身给我们周围的世界，以及这个世界上的众人，专心致志地给予我们的生活艺术，我想，没有什么比这个事情更加伟大的了。

　　说起伟大，我想到了一篇非常伟大的演讲稿，那是在我的一生当中，很少见的伟大的演讲稿，它告诉我们，人没有什么可了不起的，但是也没有什么比人更加了不起的。这就要看你为你的社会、你的国家到底做过什么。

　　现在我将这篇伟大的演讲稿抄录给你（见后文附件），希望能够对你有所启发。

爱你的父亲

1906 年 6 月 8 日

（此时老约翰 68 岁，小约翰 33 岁）